U0948181

内幕交易罪
客观构成要件要素研究

张祥宇 著

NEIMU JIAOYIZUI
KEGUAN GOUCHENG YAOJIAN YAOSU YANJIU

中国政法大学出版社

2018 · 北京

图书在版编目（CIP）数据

内幕交易罪客观构成要件要素研究/张祥宇著.—北京：中国政法大学出版社，2018.12
ISBN 978-7-5620-8758-8

Ⅰ.①内… Ⅱ.①张… Ⅲ.①证券交易—金融法—研究—中国
Ⅳ.①D922.280.4

中国版本图书馆 CIP 数据核字(2018)第 280455 号

出版者　中国政法大学出版社
地　址　北京市海淀区西土城路 25 号
邮寄地址　北京 100088 信箱 8034 分箱　邮编 100088
网　址　http://www.cuplpress.com（网络实名：中国政法大学出版社）
电　话　010-58908586(编辑部)　58908334(邮购部)
编辑邮箱　zhengfadch@126.com
承　印　固安华明印业有限公司
开　本　880mm×1230mm　1/32
印　张　7.75
字　数　200 千字
版　次　2018 年 12 月第 1 版
印　次　2018 年 12 月第 1 次印刷
定　价　39.00 元

序言 PREFACE

张祥宇博士的专著《内幕交易罪客观构成要件要素研究》是一部具有理论意义与实践意义的学术作品，它总结了近年来关于内幕交易罪相关的学术研究成果并运用了司法实践中许多真实案例，以独特的视角对内幕交易罪客观构成要件要素进行较为深入地探讨。

近年来，随着中国资本市场的迅速发展，证券交易、证券买卖行为已经成为社会公众日常生活的一部分，越来越多的社会公众成为证券投资者。然而，由于证券监管不利、被投资企业及相关企业证券欺诈行为屡见不鲜、投资者缺乏理性投资意识等诸多原因，导致我国证券市场正常运转受到严重阻碍，前些年股票市场出现大规模的股灾更给证券市场有效运营敲响警钟。如何建立有效的事前预防、事中、事后监管措施成为资本市场监管的一项重要工程。针对证券市场中出现的问题，刑法作为法律体系中最后一道防线，其理所应当对具有严重社会危害性的证券欺诈行为起到规制作用。以内幕交易罪个罪研究为例，现有的学术研究对内幕交易犯罪缺乏必要的关注，理论界鲜有对内幕交易罪进行专题探讨；司法实践中，对内幕交易罪及相关证券犯罪的认定标准存在较大争议，证券违法行为与证券犯罪行为的界限尚无具有明确性、科学性的界定标准。司法实践中应当关注以下三个问题：第一，一般经济违法行为被错误地认定为证券犯罪行为，使其人身、财产权利受到巨大侵害；第二，由于内幕交易罪构成要件标准缺乏合理性，使具有严重社会危害性的证券犯罪行为未被认定为证券犯罪行为，导致刑法惩戒力度不足；第三，证券欺诈行为之间，由于缺乏合理区分标准，导致在此罪与彼罪的认定上存在定性混乱的情况。基于此，对内幕交易罪客观构成要件要素研究具有广泛的研究空间及必要性，对该问题研究具有较大的理论意义与实践意义。从本书具体内容上讲，其对内幕交易罪主体、内幕交易罪行为对象及内幕交易罪行为模式等几个方面进行详细的探析。从理论上存在的争议点出发，通过比较研究、案例研究等研究方法，基于良好的刑法基本功及缜密的逻辑思维。最终，形成独特的学术观点。

本书由张祥宇博士历经三年时间完成，在此期间，其通过大量阅读与内幕交易罪相关的书籍、学术论文，对内幕交易客观构成要件要素课题进行全面了解，并通过对现有理论进行再思考，形成个人独有的观点。在读博士期间，张祥宇博士在国内公开发行的刊物中发表过与此问题相关的学术论文。该作品完成后受到司法实践部门广泛的关注，其观点对司法实践中经常出现的困境提供了解决问题的新思路，作为祥宇博士的博士生导师，我深感欣慰。

祥宇是一个刻苦用功的人，对学术研究非常投入，头脑灵活并有一定的创造力。希望其在日后的学术研究过程中戒骄戒躁、不忘初心，用辛勤的汗水创造更多优秀的学术作品！

王　平

2018 年 12 月

摘要 ABSTRACT

内幕交易犯罪是破坏社会主义市场经济秩序罪的一种典型的行为模式，其对证券市场的正常秩序及一般投资者证券交易进行的是平等性的破坏。根据认定犯罪的一般原理，构成犯罪必须要达到主客观相一致的原则，行为必须同时具备法定的主观构成要件要素和客观构成要件要素。内幕交易犯罪客观构成要件要素研究是内幕交易犯罪研究中最为关键的问题，也是犯罪构成要件理论核心内容，在认定证券内幕交易犯罪过程中，必须要将内幕交易犯罪行为、内幕交易犯罪结果以及行为与结果之间因果关系等问题进行合理的认定。但是，目前我国关于内幕交易犯罪的立法及司法实践中对内幕交易犯罪行为的认定尚存在较大的缺陷。为了能够建立科学的、合理的证券内幕交易犯罪立法及司法认定标准，对内幕交易犯罪客观构成要件要素问题的研究势在必行。

本书通过对内幕交易犯罪主体问题、行为客体问题、犯罪行为模式问题、情节严重认定问题的研究，与域外一些国家的立法规定、司法认定标准进行对比分析的方法，试图对证券内幕交易客观构成要素若干问题进行细致的阐述，并对其各个要件要素中存在的问题进行分析并提出完善之建议。内幕交易行为是证券欺诈行为的一种，刑法中规定了严格的刑事责任，对于内幕交易犯罪的判断要格外谨慎，此行为的判断既要符合打击犯罪的要求，也要符合保障人权的法治精神。

本书除了引言与结语之外，包括以下六个部分：第一章，内幕交易罪概述；第二章，内幕交易主体；第三章，内幕交易罪行为客体；第四章，内幕交易行为；第五章，内幕交易构成要件要素情节严重的认定。笔者在本书中论述逻辑如下：

引言部分主要介绍本书的研究背景、研究意义，结合国外理论与司法实践中对于本选题的细致阐述，提出本书的研究方法。

第一章，着重介绍内幕交易犯罪相关概念，对证券的概念、内幕交易等概念进行了详细的阐述。对于证券概念的研究主要从美国及我国相关的研究为视角进行阐述，并在证券概念的研究中，结合内幕交易犯罪个罪的角度，对证券的概念进行刑法意义上的论述，区分刑法意义上狭义的证券与广义的证券概念的区分。本章中还探讨了内幕交易犯罪的可罚性依据与内幕交易法益的问题，这部分内容主要解决的问题就是为何要设置证券内幕交易犯罪，以及内幕交易犯罪所保护的社会利益是什么等一些问题。本章的最后一个部分所要探讨的问题是证券内幕交易犯罪客观构成要件要素的问题，这部分的内容具有承上启下的作用。总体而言，本章的内容是从宏观的角度，对证券内幕交易犯罪进行整体上的把握，为后文一系列具体问题地探讨进行铺垫。

第二章，所要探讨的是内幕交易罪主体适格的问题，之所以将内幕交易主体问题列入客观构成要件要素研究的内容，是因为本部分对于主体问题的探讨的主要的内容并非是行为人罪责方面的问题。本部分主要探讨证券内幕信息知情人员、非法获取内幕信息人员的定性问题、主体范围的确定问题及证券内幕交易犯罪主体之间刑事责任分配的问题。

第三章，探讨的是关于内幕信息的问题，行为客体的研究是犯罪行为研究的一部分。但是，基于内幕信息研究的问题是证券内幕交易犯罪的重要问题，因此，笔者将本章内容独立于证券内幕交易犯罪行为研究章节以外。此外，本部分还探讨了内幕信息认定标准的问题，即在刑法领域中，如何设置科学的、合理的内幕信息认定标准。在这部分探讨中还会对我国目前的相关立法及司法解释进行较为细致的阐述，并评价其设置的合理性及完善之建议。

第四章，主要探讨的问题是证券内幕交易犯罪的行为模式。国外及我国理论研究中均认为，内幕交易行为主要存在两种具体行为模式，其是根据行为人是否直接参与到证券交易活动中进行判断的。而对于未直接参与到证券交易活动中的内幕交易行为也是本部分研究的重点问题，具体包括泄露内幕信息行为的认定及建议他人实施内幕交易行为的认定。

第五章，主要探讨的问题是内幕交易情节严重问题的研究，该内容与具体的内幕交易犯罪行为相对应，即在不同内幕交易行为模式下，应当运用不同的情节严重的情形进行判断。本章试图通过对于内幕交易罪情节严重情形的探讨，以相关司法解释本身及不同犯罪模式下为视角，为情节严重认定标准提供合理的完善建议。

结语部分，笔者将提出本书的研究结论，并将重申本书研究的目的与意义，为以后本论题的研究提供微薄之力。

目录 CONTENTS

引 论

一、研究背景

近年来，随着经济全球化进程的加速，国际证券市场的竞争也日益激烈，如何提升本国证券市场的核心竞争力成为各国迫切需要解决的问题。对此，世界著名法与金融学者 LLSV 提出了“对外部投资者的法律保护程度会决定一国证券市场强弱”的著名命题。[1]证券内幕交易罪是破坏社会主义市场经济秩序罪的一种行为，也是证券欺诈行为的模式之一。可以说，此犯罪行为对于证券市场的正常市场秩序是一种巨大的威胁。2016年我国证券市场中发生了大规模的“股灾”，证券市场处于极其不稳定的状态，证券市场中投资人的经济利益受到巨大的损失。这一事件的发生向我们敲起了警钟，导致这一事件发生的根本原因是证券市场监管不严，证券市场活动不规范所共同引起的。随着我国经济不断的发展，人们生活方式的不断变化，证券市场中投资人数量不断增加。证券市场的利益代表了公众的利益，一旦证券市场遭受了重大的损害，公众的利益也将遭受巨大的

〔1〕 曹理:《证券内幕交易构成要件比较研究》，法律出版社2016年版，第1页。

损失。从世界各国的立法及司法现状上来看，美国被认为是证券内幕交易犯罪立法及司法制度建立最为完善、先进的国家，其相关判例规定对于证券内幕交易主体、行为、因果关系判断、内幕信息的认定标准都进行了合理的界定。在欧盟国家中，欧盟指令对于内幕交易犯罪相关构成要件要素都规定了具有指导性意义的规定，在各个欧盟国家的国内立法中，其规定的内容都不得与欧盟指令中的规定相抵触。欧盟指令中较为全面地规定了内幕交易犯罪主体问题、内幕交易行为、内幕信息等认定标准的问题。这些规定对于欧盟各成员国关于内幕交易犯罪的规定都具有指导之作用，各国规定都必须以欧盟指令的规定作为指导依据。在我国，证券内幕交易犯罪行为也是我国法律所禁止的行为，一般情况下，内幕交易犯罪行为与违法行为存在竞合的情况。而在我国理论界也有很多学者专门对内幕交易行为进行了详细的探讨与阐述。之所以要以法律的角度来探讨一些金融行为，就是因为法律规制的强度与证券市场行为的规范性之间、证券市场的有效性存在紧密的联系。正是出于这样的背景，以法律的角度、以刑法的角度对证券内幕交易行为进行探讨是必要的，对于证券内幕交易行为法律规制进行研究势在必行。另外，我国目前相关的法律及司法解释的规定尚存在较大的缺陷，这种缺陷导致在司法实践中对于证券内幕交易行为的认定也存在较多不合理之处。对于证券内幕交易犯罪构成要件要素进行详细的研究，既存在重大的理论意义也存在巨大的实践意义。随着法治建设的不断完善，刑法领域中，对于惩治犯罪与保障人权之目的实现也需要对个罪进行研究与完善。正是出于这样的经济背景与法律背景，对于证券内幕交易罪的研究势在必行。

二、研究意义

对证券内幕交易犯罪进行研究具有重要的理论意义与实践

意义。在理论研究中，对于证券各个构成要件要素研究尚存在较大的争议。例如，在内幕交易犯罪主体问题研究中，对于非法获取内幕信息的人员性质的界定，存在较大的争议。而对于内幕交易主体问题的界定是犯罪主体适格问题的界定，对于其性质确定存在问题，将导致认定的准确性、合理性存在问题。因此，在理论上，对于这些问题进行合理的分析将有利于对各个构成要件要素问题进行准确的界定，从法益角度对这些问题进行探讨有利于探寻立法之最终目的。在司法实践中，内幕交易犯罪各个构成要件要素进行研究也具有重大的意义，有利于司法实践中认定的准确性。因此，研究证券内幕交易犯罪既有利于惩治证券内幕交易犯罪行为，也将有利于对犯罪嫌疑人、被告人人权之保障。

三、研究方法

（1）案例分析法。案例分析是研究分则罪名的重要方法，本书将重点以案例形式来呈现自己的观点，以一种较为直观的方式来阐述内幕交易罪在司法认定过程中的一些问题。

（2）比较研究法。通过比较美国、欧盟指令等域外立法状况的研究，可以凸显出我国目前证券内幕交易认定过程中的缺陷，并在此研究基础上，探寻出一条完善我国立法与司法认定过程中的合理路径。

（3）定量分析法。证券内幕交易罪是一种涉及财产的犯罪，在对其进行规制的过程中，存在行政规制与刑事规制的竞合，而证券违法行为与犯罪行为存在度上的差异，定量分析是二者进行区分的重要方法。

第一章

内幕交易罪概述

第一节　内幕交易的相关概念

一、证券的概念

内幕交易罪是一种违反市场经济秩序的违法犯罪行为，是社会发展到一定程度的必然产物。一些新事物在给社会带来发展的同时，也会在一些领域中带来一定的风险。证券的出现同时产生了多种社会关系，如证券投资、证券筹资、证券监管、证券销售等。这些社会关系在给企业、投资人带来利益的同时，也伴随着巨大的经济风险。

“证券源于中世纪后期意大利威尼斯、热那亚等城市发行的军事公债，当时为筹集军饷，政府以此变相征税。16 世纪初，威尼斯、比萨等地中海沿岸城市成为欧洲与近东的贸易中心，为满足资金需求，这些城市中出现了邀请公众人入股的城市组织。例如，1581 年成立的英国利凡特公司和 1602 年成立的荷兰东印度公司等早期的殖民公司都发行了股票。进入 19 世纪以后，随着政府开支的不断增加和工商业的迅速发展，债券、股票开始成为资本主义国家筹措资本的主要形式。”[1]

从证券的起源上来讲，证券是一种筹资工具，是利用证券进行融资，将筹集到的资金用于特定的活动，这是证券最初的、最核心的含义。但是，对于证券内涵的确定，尚无明确定论。现代意义上的证券分为广义的证券与狭义的证券，广义的证券包括权利凭证也包括有价证券等，而狭义的证券则仅仅包括代表一定权益的证券。所谓权益证券，是指持有一定数量的证券代表具有一定的权利，证券数量的多少，代表权利人权利的大小。

对于证券的定义，不同的国家有着不同的理解，并且在不同的领域中对于证券的定义也存在不同的理解。本部分主要以美国对于证券的定义、我国关于证券的定义以及刑法领域中对于证券的定义为视角，对证券的概念进行详细的阐述。

（一）美国对证券概念的界定

美国对证券的概念并不存在具有概括性、精确性的阐述，其只是采用列举的方式并确立一般的确认原则，将符合证券认定原则的权利凭证确认为证券，并规定对处于列举范围内属于证券的范围进行一致性对待。

美国《1933年证券法》第2条a款第10项对“证券”作出规定：“所谓证券，是指任何票据、股票、库存股票、证券期货、债券、公司（信用）债券、债务凭证、利润分享协议项下之权益或参与证书、担保信托证书、公司设立前之证书或认股权、可转让股份、投资契约、有表决权之信托证书、证券存托凭证、一组证券或证券指数有关的任何卖出权、买入权、买卖权、期权或优先权，或全国性证券交易所中与外币有关的任何

〔1〕刘宪权：《证券期货犯罪理论与实务》，商务印书馆2005年版，第1页。

卖出权、买入权、买卖权、期权或优先权，或被普遍视为证券的任何权益或工具，或与上述任何一项相关的权益或参与证书、暂时或临时证书、凭证、担保证书或认购、购买权。"〔1〕美国对于证券的定义的特点是采取列举的方式将以前判例认为属于证券特征或符合证券认定原则的权益工具或债务工具认为是证券。"考虑到制定法关于证券定义的广泛性及需要使其应对'那些寻求使用他人金钱而炮制的无数变化不断的计谋'，人们就不会惊讶，最高法院的判例至今从来都没有完全清楚地找到一个适当的分析方法，来确定某个工具是否属于证券。虽然如此，对证券一词进行定义，已产生以下几个一般原则"：〔2〕①在证券的制定法定义中所列出的每一类金融工具，均可以使用独立的分析概念进行独立的分析。证券这一术语本身并不存在一个普遍或一般标准。②《证券法》第 2 条中的所有定义冠有以下用语："本法中，除非文义另有规定"，以这种方式明确表示出来的本属默示的制定法解释原理，一直受到重视。〔3〕也就是说在认定某项权益工具或债务工具是否属于证券时，除了应当符合证券法的字面含义之外，还应当以国会制定该法律的目的来认定。③"还存在另一套综合联邦立法，在投资者保护方面提供与证券法同等的监管，该套立法'严重削弱'了将某一工具定义为《证券法》第 2（a）（1）项条款下证券的理由。"〔4〕也就是说，美国证券法对于证券的含义，是以列举法条所规定的债务工具

---

〔1〕 张路译：《美国 1933 年证券法》，法律出版社 2006 年版，第 3 页。

〔2〕［美］路易斯·罗思、［美］乔尔·赛里格曼：《美国证券监管法基础》，张路译，法律出版社 2008 年版，第 192 页。

〔3〕［美］路易斯·罗思、［美］乔尔·赛里格曼：《美国证券监管法基础》，张路译，法律出版社 2008 年版，第 193 页。

〔4〕［美］路易斯·罗思、［美］乔尔·赛里格曼：《美国证券监管法基础》，张路译，法律出版社 2008 年版，第 193 页。

与权益工具的种类为主，并遵循文字的解释，但这并非证券含义的全部。一些过往案例的判决会提供一些判断证券含义的标准，这些标准或确立的原则是判断某一金融工具是否属于证券的辅助性规则。例如，上述第三个原则，出于考虑投资者的利益，某些不在列举范围，但又对投资人的利益产生重大的影响，符合证券定义的实质的金融工具，虽然不在列举的范围，但依然符合美国证券法中关于证券的规定。

（二）我国对证券概念的界定

随着资本市场在我国的迅速发展，对证券、证券交易及证券监管等概念与制度的研究也随之繁荣。我国学者以及现行法律规定对证券概念的界定与美国对证券的研究也存在不同之处。在理论界中，大多以概括性的语言对证券的概念进行界定。而证券法上则采取列举的方式对证券的范围进行界定。

按照《辞海》对于证券概念的解释："所谓证券是指以证明或设定权利为目的所作成的凭证。一般包括：①有价证券，如货币证券、商业品证券、资本证券；②证据证券，如借据、收据、保险单等；③免责证券，如货物存据、行李提取单等；④其他证券，如土地所有权证等；⑤无价证券，如购货券、粮票等。"[1]辞海对于证券的定义的特点在于，其采取了定义法与列举法两种方式结合的方法，对证券的定义进行阐述。其认为证券是证明证券持有人权利或为证券持有人设置权利为目的的凭证，这个定义是以投资者的角度进行阐述的。证券交易法律关系属于民事法律权利义务关系，大多数民事法律义务关系属于双方法律权利义务关系，在证券交易过程中，存在投资方与发行方。对于投资方而言，其支付货币或货币等价物换取在被

〔1〕《辞海》（缩印本），上海辞书出版社1998年版，第348页。

投资方享有一定的权利凭证；而对于被投资方而言，其通过证券赋予投资人一定的权利而获取投资者资金上的支持。因此，《辞海》上的定义是以投资者为角度进行界定的，其认为证券是权利凭证，持有证券的多少，就意味着在被投资企业享有多少权利。一些学者的观点与《辞海》的观点相似，其认为："证券是用以证明或设定权利所作成的书面凭证，表明证券持有人或第三人有权取得该证券拥有的特定权益，或证明其曾经发生过的行为。"〔1〕从以上定义可以得出这样的结论：从定义法上，证券是一种权利的载体，持有证券意味着持有人或所有人享有特定的权利。而从列举法上对证券范围的界定，证券分为广义的证券与狭义的证券，"狭义证券是指资本证券。所谓资本证券，是指随着借贷资本产生的、表明权利人索取与其出资价额相应利益的权利凭证。广义证券包括商品证券、货币证券和资本证券。商品证券是指直接代表某种商品或财物所有权的证券，如提单、仓单等。货币证券是替代货币进行支付和结算的有价证券，其主要包括汇票、本票、支票等商业票据"。〔2〕

我国《证券法》对证券概念没有采取定义法的形式进行界定，只是通过列举的方式，将属于证券的范围作出了界定。我国《证券法》第2条中有规定："在中华人民共和国境内，股票、公司债券和国务院依法认定的其他证券的发行和交易，适用本法。"〔3〕可见，我国《证券法》对于证券的概念采取的是广义的方式，其范围要大于本书研究的"证券的概念"。其列举的证券的范围，既适用于民事领域中，也适用于刑事领域中。

---

〔1〕 中国证券业协会主编：《证券市场基础知识》，中国财政经济出版社2005年版，第1页。

〔2〕 叶林：《证券法》，中国人民大学出版社2002年版，第2页。

〔3〕 参见《证券法》第2条。

该法规定的证券的概念是从广义的角度进行确定的，也就是说此处的“证券”是从整体规制的角度进行列举的，其既包括与市场信息具有相关性的证券，也包括价值不具有波动性的证券，既有固定收益的证券，也包含变动收益的证券。而在内幕交易罪的个罪研究中，其研究的“证券”概念是资本证券的概念，其市场价值随着公司经营状况与经营信息的变动而变动。

（三）内幕交易个罪中对“证券”概念的界定

如前所述，我国对证券有如下分类，即广义证券与狭义证券。刑法领域中，不同罪名之间对于证券概念的运用也是不同的。证券法上的概念以及学界上对于证券概念的界定不能等同于在刑法领域中的概念运用。例如，刑法分则中规定伪造、变造金融票证罪：“本罪是指伪造、变造汇票、本票、支票、委托收款凭证、汇款凭证、银行存单及其他银行结算凭证、信用证或者附随的单据、文件以及伪造信用卡的行为。”〔1〕此罪对于有价证券的界定是运用了广义的证券的概念，其不以该证券是以筹资为目的发行的，不随借贷资本的产生而产生。而证券内幕交易罪中对于“证券”概念的界定，则采取的是狭义证券的概念，主要指上市交易的股票和债券。之所以能得出这样的结论，原因在于，内幕交易所涉及的证券必然与一定的内幕信息相关，其证券价格的波动必然与公司的内部信息紧密相关。而广义的证券中，如货币证券，其价值的变化则与信息无太大关系。

“内幕交易罪中的证券是指上述的资本证券。资本证券主要包括股票和债券。”〔2〕股票与债券是最为典型的资本证券，其价值的大小与公司的经营状况有关，而公司的经营状况又同经营

〔1〕 张明楷：《刑法学（下）》（第5版），法律出版社2016年版，第781页。

〔2〕 雷丽清：《中美内幕交易罪比较研究》，中国检察出版社2014年版，第72页。

信息具有一定的关系。利好的信息将导致上市交易的股票、债券的市场价值上升；反之，不利的信息将导致市场价值下降。这是证券最原始、最核心的意义，证券是用来筹资的工具，并将筹集来的资金用于特定的经营活动。而对于投资者而言，其投资活动将资金交付给上市公司，并因此取得一定的权利，而该证券即是权利的凭证。

此外，在内幕交易个罪中，对证券含义的界定不能等同于证券法中关于证券的规定。内幕交易罪中的“证券”应当具有以下特征：①证券既是权利凭证，也是义务凭证。证券交易涉及双方，一方为证券发行人，而另一方则是证券投资人。对于证券投资人而言，证券则是权益凭证，其代表投资人在被投资方享有一定的权益，可以分享证券发行人一定的经营成果；而对于证券发行人而言，证券则是义务工具，其代表被投资者在本方享有一定权利，而发行人有义务将自己的经营成果与投资人分享。②内幕交易罪中“证券”具有高度的流动性。内幕交易罪所侵犯的法益是证券交易中平等交易的原则，内幕交易是内幕信息知情人员利用信息上的优势，从而打破了这种平等交易的原则。因此，证券能够在市场上进行交易，能够在市场中流动是内幕交易罪中“证券”概念的又一大特征。不具有高度流动性的证券，不能成为内幕交易罪中评价的对象。③内幕交易罪中“证券”的概念应当与证券发行人公司的经营情况、经营效果、经营决策等信息密切相关。如前所述，广义的证券中包括货币证券，货币证券的价值不会因为与其相关的信息发生变化，而发生价值上的减损或增值。而资本证券则是随着证券发行人公司的经营状况的变化，发生证券价值的变化，利好的信息会导致公司证券价值的上升，而不利的信息则导致公司价值的下降。公司内部各种与经营决策相关，与投资、筹资决策相关的信息都会导致公司证券价值的变化。

综上所述，在内幕交易中研究证券概念的内涵和外延，与证券法甚至与刑法分则中其他罪名研究的证券的概念都存在差异性。这种差异性的根本就在于内幕交易罪所保护之法益的特殊性。法益是刑法研究中最为关键的研究领域，它指引着刑法研究的方向。在内幕交易罪个罪中就体现为保护证券投资者平等交易的原则，而这种平等交易的特性又能对证券概念的内涵与外延进行精确的界定。而最终得出的结论就是内幕交易罪中的“证券”应当是流通的证券，是体现权利义务的证券、与信息变动具有相关性的证券。证券内幕交易犯罪所研究的证券是狭义的证券，其市场价值必须与该上市公司的相关信息具有相关性，其价值的变动应当与信息具有一致性。价格与信息的相关性是正常的证券市场所要求的，只有信息与价格具有相关性才能说明证券市场是有效的，利好的信息会引起证券的价格上升，而非利好的信息则会引起公司证券市场价格的下降。在内幕交易罪个罪的研究中，必须要对证券的概念作出特别的理解，不能为了规范内部一致性，而忽略个罪研究中的特殊性。

二、期货的概念

期货是相对于物与物之间交换的买卖行为而言的，“这种买卖是由转移价格波动风险的厂商和承受价格风险获利的风险投资者参加的、在交易所内依法公平竞争而进行的，并且有保证金制度为保障。这种交易的目的不是获得实物，而是回避风险或获利”。[1]期货市场的存在是商品经济发展所必然形成的，在期货交易中，实物的买卖并非其真实的目的，在期货交易中，

〔1〕［美］威廉·格罗斯曼、常清：《期货市场的理论政策和管理》，山东人民出版社1992年版，第13页。

买卖各方最主要的目的是为了规避商品的市场风险。

期货交易应当在指定的场合下进行，即其必须在制定的期货交易所内进行，而涉及期货的信息在尚未对外公开之前，期货交易人知悉该内幕信息之时是不允许其利用此信息进行期货买卖行为的。也就是说，内幕信息对于期货市场上的价格是具有重大影响的，任何人都不能利用内幕信息进行期货买卖行为。与证券具有相同的特征，其并不涉及实物的买卖，但是，其价值会随着市场信息的变动而变动。

三、内幕交易的概念

内幕交易行为属于典型的证券欺诈行为，在大多数国家的立法当中都将内幕交易行为视为一种侵犯证券平等交易的行为，而对于证券内幕交易，不同的国家都存在不同的定义。在美国1934年的《证券交易法》中，对于证券内幕交易行为存在明确的定义，其认为对于证券内幕交易的定义应当坚持从客观到主观的方法进行，认为“证券内幕交易这样的一种行为，即受益所有权人、董事或高级管理人员及其他内幕信息知情人员不公平地利用与上市公司的特殊关系而获取的尚未公开的重要信息，在任何不超过6个月的期间从先买后卖或先卖后买该发行人的任何权益证券或者有关任何该等权益相关的证券而实现的任何利益”。根据这个定义可以发现，证券内幕交易是具有特殊身份的主体，包括传统的内幕信息知情人员、信息的泄露者与信息的接收者等人员利用其特殊的地位获取其他一般投资者无法提前获取的关于公司经营的重大信息进行的证券买卖行为。而所谓的尚未公开的信息则是指具有秘密性、重要性、相关性、真实性的公司内部信息。秘密性是指此信息在知情人员获取之前，尚未对公众公开，只有少数人知悉的信息。而重要性又称实质的重要性，其指内幕信息的内容具有经营上的重要性，这些消息的公布会影响投资者的投资决策，也会对公司股票的市场价格产生重要的影响。而相关性则是指信息的内容与公司的经营具有相关性，信息的内容必然与某一上市公司的主体具有相关性。内幕信息的真实性则是指内幕信息所关系的内容具有客观上的准确性，虚假的信息不能构成内幕信息。除此以外，利用内幕信息进行交易的期间，必须是在法律所规定的敏感期间之内，所有在此期间进行的证券买卖的行为必然是法律所禁止的行为。

在我国刑法领域中，也存在对于内幕交易概念的探讨。不同的学者对于内幕交易犯罪的概念也不尽相同。张明楷教授认为："内幕交易、泄露内幕信息罪，是指内幕信息知情人员或者非法获取证券、期货交易内幕信息的人员，在涉及证券的发行，证券、期货交易或者其他对证券、期货交易价格有重大影响的信息尚未公开前，买入或者卖出该证券，或者从事与该内幕信息有关的期货交易，或者泄露该信息，或者明示、暗示他人从事交易活动，情节严重的行为。"〔1〕根据这个定义，内幕交易犯罪行为是具有特殊身份的犯罪主体利用特殊身份获取了内幕信息进行证券买卖的行为。"行为主体必须是证券、期货交易内幕信息的知情人员或者非法获取证券期货内幕信息的人员或单位。"〔2〕可见，内幕交易犯罪的主体既可以是自然人，也可以单位。而根据此定义，其认为内幕交易中的内幕信息应当具备秘密性、相关性、重要性的特征。秘密性是指内幕信息是尚未对外公开的信息，其在获取信息之时，该信息尚未对其他投资人公开。相关性主要指信息与股票的市场价格具有的相关性，信

〔1〕 张明楷：《刑法学（下）》（第5版），法律出版社2016年版，第786页。

〔2〕 张明楷：《刑法学（下）》（第5版），法律出版社2016年版，第786页。

息影响公司股票价格的走势。从信息的相关性这一特征可以看出，内幕信息是对公司信息的提前获取，信息知情人可以利用这种信息上的优势，预先性地判断公司股票价格的走势。重要性即是指内幕信息所涉及的内容是公司投资、筹资决策中具有重要性的信息。例如，并购、企业合并等。而内幕信息犯罪行为则包括利用内幕信息进行证券买卖行为，通过低价买入、高价卖出获取收益或者向某人告知内幕信息的情况，并明示或者暗示其进行内幕交易行为。

笔者认为，内幕交易罪是一种通过特殊的身份、地位或者通过特定的行为而获取了尚未对公众公开的、具有实质重要性、相关性的信息，并以此作为其投资的基础进行证券买卖行为或者告知他人，并明示或暗示他人进行证券买卖行为，或者作为信息的接受者，明知获取的信息是内幕信息并以此作为投资决策的基础并进行证券买卖行为，并获取数额较大的非法利润的行为。证券内幕交易行为是一种侵犯证券市场平等交易原则，并对证券市场秩序进行破坏的一种行为。行为主体是内幕信息的知情人员或者是非法获取内幕信息的人员，所谓内幕信息知情人员是指具有特殊的身份或者与具有特殊身份的人员具有密切关系的人员，由于其在获取内幕信息的机会上比其他一般投资者更具优势，因此，其因特殊的地位而负有禁止内幕交易的义务。而非法获取内幕信息的人员，则是通过非法的手段获取内幕信息的人员，其禁止进行内幕交易的义务来源于其先行行为的违法性，只有实施了非法获取内幕信息行为之后，其才具有这种义务。在内幕交易行为中，内幕信息的认定是判断某行为是否属于内幕交易行为的关键，而在内幕信息的特征的确定上，我国学界还尚存较大的争议，本书将在以后章节中作为重点进行论述。

笔者认为，内幕信息应当具备秘密性、相关性、客观真实性、重要性的特征。秘密性应当是内幕信息最为重要的一个特征，某一信息如果不具有秘密性，则代表此信息已经对外公开，此时，所有的投资者都已经知悉此信息，不会产生信息上的优势，也就不会破坏证券交易的平等性原则。秘密性应当是信息尚未对外公开，在获取信息之时至信息对外公开这段敏感期，任何预先获取内幕信息的人员都应当具有禁止进行证券交易的义务。客观真实性是指内幕信息所涉及的内容都属于客观真实存在的事实，不应当是虚假的信息。如果持有虚假的信息进行证券交易行为，则不论此行为是否获利，都不可能认定其行为属于证券内幕交易犯罪行为。重要性信息则是指信息所涉及的内容应当属于关于公司经营上的重要信息，只有信息具有重要性的特征，才能在证券市场上对股票价格产生一定的影响。证券市场中信息与股票价格存在重大的相关性，而不同种类的信息对价格的敏感程度也存在较大的差异，重要的信息对于股票价格的敏感程度大，而一般的信息虽然也会影响股票的价格，但其敏感程度较低。从内幕交易行为的角度上来讲，内幕交易行为是利用内幕信息买卖证券的行为，其典型的特征是当市场价格处于高位时买入，处于低位时卖出，利用买入价与卖出价格的差额获取利润。典型的内幕交易行为是内幕信息知情人员自己利用内幕信息进行证券交易的行为。而在某种情况下，内幕信息知情人员并不是自己进行内幕交易行为的，而是在存在信息告知者和信息知悉者的情况下，信息知情人员将知悉的内幕信息告知信息的接受者，此时，信息知情人员虽没有进行证券内幕交易行为，但其怂恿他人或委托他人实施了证券内幕交易行为，并因此而获利，获利的方式包括获取经济上的收益或者为家庭获利、获取社会关系上的收益。另外，对于非法获取内幕信息的人员，非法获取内幕信息行为与利用内幕信息进行证券交易是一个复合的行为，行为人先利用非法的方式获取了内幕信息成为内幕信息的知情人员，又实施了典型的内幕交易行为。根据刑法领域对内幕交易犯罪的研究，其应当区分内幕交易违法行为与内幕交易犯罪行为，即行刑衔接的问题。在内幕交易犯罪研究领域里，内幕交易违法行为与内幕交易犯罪行为最主要的区别在于违法程度上的差异。对于内幕交易行为必须进行情节严重的判断，对于其情节严重的判断要依据对行为人获益或者避损的数额以及是否具有多次实施内幕交易行为等情况进行判断。同时，对于内幕交易犯罪行为的研究要注重区分其与内幕交易违法行为的区分，并关注内幕交易违法行为与内幕交易犯罪行为的衔接。在这个过程中，要严格审查违法行为的要件与犯罪行为的构成要件，不能简单地将构成违法行为的要件作为认定内幕交易犯罪行为的要件。

以上就是从宏观的角度，对内幕交易犯罪行为的概念、特征进行的论述。由此可见，证券内幕交易罪是由一系列的主观、客观条件所构成的，这些主客观条件缺一不可，缺少任何一个构成要件要素，都不能认定某行为构成内幕交易犯罪。由以上证券内幕交易的概念以及特征可以看出，内幕交易犯罪是一种严重地侵犯社会主义市场经济秩序的犯罪，对于这种行为必须予以禁止，否则，会严重阻碍社会主义经济的发展。随着刑罚轻缓化理念的不断发展，对于行为构成的判断也要谨慎，不能因为此行为具有社会危害性，就不加思考地对不符合犯罪构成要件的行为予以严厉打击，这将不利于对人权之保障。

第二节　内幕交易罪的可罚性依据

内幕交易罪是一种严重破坏社会主义市场经济秩序的犯罪

行为，证券交易本是平等主体之间进行交易的民事行为，对证券的发行与交易应当遵循公平、公开的原则，在信息获取量一致的基础上进行证券的买卖。实施证券内幕交易的行为人利用其自身的特殊身份或通过非法手段获取的内幕信息进行证券买卖，并利用信息的优势，买入或卖出持有的证券，从而获取非法利益，侵害其他投资者的合法权益。

一、内幕交易罪的可罚性依据

（一）美国关于内幕交易罪可罚性依据研究

在美国对内幕交易行为的研究过程中，大多数学者认为，持有重大非公开信息时禁止交易。内幕交易行为应当被禁止，其侵犯了社会重大利益。禁止内幕交易行为的理由如下：

（1）公平。“国会在颁布‘内幕交易’立法时一直强调公平、公正因素。”〔1〕“众议院能源与商业委员会在通过《1984年内幕交易制裁法》之前所述：‘滥用其他投资者无法希望通过自身努力克服的信息优势不公平，与投资公众合法预期存在一个所有参与者都依据相同的规则竞争的诚实、公允证券市场不一致。’”〔2〕此种观点主要强调证券交易的平等性，这种平等性要求信息获取的平等性，即每个投资者都能在信息平等的基础上进行证券交易。内幕交易罪所侵犯的法益明显就是这种公平、平等性。随着证券市场的不断发展，证券投资成为人们日常生活中投资的一种方式，证券投资收益率较高，是吸引投资者的主要动力。然而，证券投资毕竟属于一种民事法律行为，证券交易的各方主体都属于民事法律主体。这种观点主要依据的是

〔1〕［美］路易斯·罗思、［美］乔尔·赛里格曼：《美国证券监管法基础》，张路译，法律出版社2008年版，第673页。

〔2〕 H. R. ReP. No. 98-355, 98th Cong., 1st Sess. 5 (1983).

“公众信心”或“市场诚信”理论，证券市场上的投资者更愿意将自己的金钱投资于内幕投资较少或不存在内幕交易的市场。当在某一证券市场中，证券投资者的利益被内幕交易行为侵害过很多次，那么，证券投资者对证券的需求就会减少，这不利于一国证券市场的发展。公众的信心与市场的诚信成正比例增长，只有当市场的诚信提高时，证券的需求才会增加，证券市场才能繁荣发展。因此，应当禁止这种破坏市场交易平等性的行为存在。

（2）配置效率。“赞同禁止拥有重大非公开信息时进行交易的另一个观点是消除了内幕人推迟披露重大信息的动机。”〔1〕内幕交易行为所带来的利益导致内幕信息获取人、持有人延迟披露内幕信息，这不利于信息在证券市场上流动，降低了市场对信息的消化与反应。同时，这一推送也会影响投资者的投资决策。“更快散发重大信息往往改善市场的配置效益。关于公司很有前途或很可能有未来收益的信息会使证券价格上涨；盈利前景不乐观的公司，其证券市场的价格将会下降。这样，社会将其资源分配于预期有最大回报的投资，而撤离前景不太好的公司。”〔2〕而内幕交易行为的存在实际上是在增加阻塞这种信息的传递效应，在内幕交易过程中产生的利益，使贪婪的信息持有人不愿意公布相关的重大信息。这种观点认为，内幕交易行为破坏的是整个证券市场配置的效率，以宏观经济的角度来看，这一点明显侵犯了内幕交易行为的重要法益。“该观点可以进一步扩展予以说明。使拥有重大非公开信息时的交易合法化的一

〔1〕［美］路易斯·罗思、［美］乔尔·赛里格曼：《美国证券监管法基础》，张路译，法律出版社 2008 年版，第 673 页。

〔2〕［美］路易斯·罗思、［美］乔尔·赛里格曼：《美国证券监管法基础》，张路译，法律出版社 2008 年版，第 673 页。

个主要问题是道德风险，即公司内幕人既可以从利好信息中获利，也同样可以从公司负面事件中获利。公司内幕人的个人利益与其从理论上所服务的股东的利益存在巨大的背离。”〔1〕内幕交易行为不仅会侵犯证券市场的配置效益，还会损害投资人与证券发行人的利益，其侵害范围具有广泛性。

（3）财产权。此种观点并不认为内幕交易行为侵犯的是投资者的财产权，也不认为内幕信息持有人利用内幕信息买入、卖出证券，并赚取了差价。其主要认为信息本身就是公司的财产，内幕人利用内幕信息获取利益，就是在侵犯公司的财产权。“信息，尤其是关于公司新产品或是矿物发现等事项方面的信息，可以视为公司的商业财产，原因在于公司已投入资源来开发这些财产。正如公司内幕人预期根据合同得到补偿而不能‘拿走’公司财产或公司机会一样，可以类推认为内幕人无权从内幕信息中获利。否则，内幕人就是违反了代理人在使用被代理人财产时不得获取私利的义务，获得了‘不当得利’。”〔2〕这种观点主要以证券发行公司为角度，认为内幕交易行为主要侵犯的法益是证券发行公司财产权，具体指利用内幕信息获利。

（二）我国关于内幕交易罪可罚性依据研究

在我国，大多数学者都认为利用非公开的重大信息进行证券交易是应当禁止的。这种观点缘于证券市场的迅速发展、人们投资意识的增强、内幕交易案件频发等诸多客观事实。“内幕交易、泄露内幕信息违法犯罪行为实质上是利用内幕情况变为公开信息的时间差，进行证券、期货交易以牟取暴利的行

〔1〕 Levmore, “In Defence of the Regulation of Insider Trading”, 11Harv. J. L. & Pub. Poly101, 104 (1988).

〔2〕 Carpenter v. United States 案，484U. S. 19, 26 (1987).

为。”[1]内幕信息在对外公开前、信息对外公开后，其证券市场价格会发生较大的变化。而内幕交易行为获益的基本方式就是利用证券市场价格的变动，通过大量的购买行为获取非法的利益。证券交易行为是民事交易行为，交易的平等原则应当受到关注，因此，证券市场中绝对不会允许他人利用信息优势获取现实收益。从以上学者的观点中可以提炼出内幕交易罪的立法依据或可罚性依据：

（1）公平、平等权。这一点上与美国学界的观点具有高度的一致性，其都强调信息获取的平等性。在证券市场中，一些具有信息优势的投资者，利用内幕信息进行内幕交易是一种不平等的交易现象。在证券市场中，某一上市公司的股价随着信息的变化而变化，利好信息会提高股价，不利的信息则会导致股价下跌。而持有尚未公开信息的内幕人，则可以利用内幕信息的优势，对市场股价的变动进行可靠性的预测，从而能够更加有力地进行市场投资预测。这对没有信息优势的投资者来讲，是不公平的。

（2）财产权。这里所提到的财产权与美国理论界所主张的观点具有不同的侧重点，美国学界主张的财产权，认为内幕信息属于公司的财产，除公司以外的任何人都无权利用该公司财产获利。而此处所述财产权主要是指其他投资者的财产权，因为在内幕信息持有者获取的经济利润中，大多数都来源于其他投资者。因此，可以说此处的财产权是指投资者的经济利益，侵犯财产权主要是指侵犯其他投资者的财产权。

（3）市场经济秩序。证券市场如同其他经济市场一样，要遵循一定的市场秩序，证券市场主要以筹资者融资、投资者投

---

〔1〕 刘宪权：《证券期货犯罪理论与实务》，商务印书馆2005年版，第283页。

资为主要活动。证券市场是否稳定影响着其他市场的发展与稳定。内幕信息持有人将低于市场价格买入，高于市场价格卖出，可能会造成一种市场上的假象，给投资者传递信号，将投资者的财产流入那些经营不善的企业，也可能造成那些经营状况良好的企业因筹不到资金而走下坡路。

二、内幕交易罪所侵害的法益

在刑法研究领域，对法益问题的研究是最基本、最核心的研究。“法益是指法律所保护的利益，所有的法益都是生活利益，包括个人利益和社会共同利益。”[1]如同刑法其他个罪研究一样，证券内幕交易罪也是对重要社会利益的侵害，它揭示了内幕交易犯罪行为刑事违法性的实质，对内幕交易罪法益的研究与探讨也是在实质的违法性层面对内幕交易罪进行的研究，是对内幕交易罪的研究与解释的核心一环。对法益的研究至少存在以下几个重要的作用：

第一，法益的概念是刑事立法的关键。刑事立法决定刑罚适用的范围，即何种行为是自由的，何种行为是应当禁止的。在决定刑事立法的处罚范围时，应当结合比例原则对各种社会利益进行抉择，即衡量禁止某种行为所带来的利益是否大于不禁止此行为所带来的危害。如果禁止此类行为会更有利于维护社会的安宁与稳定，那就当然应当禁止此项行为。因此，法益研究在立法过程中具有重要作用。

第二，法益概念研究是刑事司法过程与刑法解释学研究的关键领域。随着法治建设不断的完善与发展，对法律的解释与适用的过程也日趋严格。基于这样的背景，由德国刑法理论界

〔1〕张明楷：《刑法学》（第3版），法律出版社2007年版，第84页。

传入的“刑法教义学”理论正在迅速地发展，并逐渐成为刑法领域研究的关键问题。“刑法教义学”理论研究的主要内容就是刑法解释与刑法适用。对于刑法规则、条文的解读，必然要结合法益，法益为刑法解释提供了明确的方向。例如，对内幕交易罪条文的解读，为何要禁止此项行为，对内幕交易罪行为如何理解，都离不开法益的概念。禁止内幕交易行为的主要目的就是要禁止在不平等的状态下进行证券交易行为。可见，对于内幕交易罪条款中各个子概念的理解都应当遵循内幕交易的法益所确定的方向。在刑事司法中，所有的犯罪行为都是对法益的侵害，也就是说，如果某项行为没有侵害刑法所保护之法益，则并不构成犯罪。因此，在刑事司法过程中，法益研究是判断某项行为是否构成犯罪的基准。

（一）美国关于内幕交易犯罪法益研究

在美国，内幕交易罪所侵犯的法益研究理论主要包括违背诚信义务说、损害公司利益说、保护投资者利益说以及维护证券市场稳定说。这几种不同的观点主要是以不同的角度对证券内幕交易罪所侵犯的法益进行陈述的。

违背诚信义务说主要是以公司和股东为角度。公司和股东为内幕交易犯罪行为的主要受害人，而实施交易行为的行为人则主要为公司内部内幕信息的知情人员，即美国法律规定中的“insider”，被我国学者译为“内部人”。这里的内部人是指传统意义上的内部人，并不是现在所指的在证券发行过程中一切知悉内幕信息的人员。因此，目前，大多数国家所指的内部人包括公司内部知情人员和通过非法手段获取内幕信息并实施内幕交易的人员。而违背诚信义务说所指的侵害主体只有公司内部的内幕信息知情人员，理由在于，对于公司和公司股东负有诚信义务的只有公司内部的信息知情人员，也即美国法律规定中的传统的内部人。但是，以此作为内幕交易罪侵害的法益，并不足以概括其实质的违法性。毕竟，除了传统的内部人以外，还存在一些未被传统内部人所涵盖的主体可以通过非法的手段进行内幕交易行为，并且其实质的违法性程度并不低于传统的内部人所实施的内幕交易行为。

损害公司利益说认为："内幕交易犯罪行为侵害了公司的利益。因为内幕交易犯罪行为破坏了公司的良好信用，使其丧失了市场竞争力。"[1]证券发行人发行证券的主要目的是为了在证券市场上进行融资，其主要利用自己在证券市场上的信用及公司的经营业绩来吸引投资者投资。公司的信用虽然无法精确地用货币资金所计量，但其应当视为公司的商誉，也视为公司财产的一部分。而内幕交易犯罪行为的存在将导致公司信用在证券市场上的降低，使投资于该公司的投资人丧失对本公司的投资信心，加大本公司在证券市场上筹资的难度，增加了再融资的筹资成本。因此，内幕交易行为的过程中，内幕人是实施犯罪行为的受益人，而公司则应当视为公司的受害人之一。

保护投资者利益说则是从投资者的利益出发，其认为内幕交易行为侵犯的法益是投资者的利益。内幕信息持有人可以通过提前获取的内幕信息，预先性地对某公司的股价进行预测，低价买入证券，高价卖出证券，并通过卖出价和买入价的差额，或者通过重大的买入或卖出行为，导致股价的异常变动。这些行为都会导致一般投资者的利益受损。

维护证券市场稳定说认为内幕交易犯罪行为是对证券市场秩序的侵犯，这种观点是从宏观的角度对内幕交易行为侵犯的

[1] 雷丽清:《中美内幕交易罪比较研究》，中国检察出版社 2014 年版，第 62 页。

法益进行研究的。证券市场上的交易注重每个投资主体身份上的平等性。而破坏这种平等性就是对证券市场基本规则的破坏，影响证券市场正常、健康的增长。另外，这种观点是对其他观点的概括。例如，证券市场强调平等性交易，而平等性原则又涉及对投资者利益的保护。对其他投资者利益的保护，也包括对投资者财产权的保护。

以上几种学说即为美国学界对于证券内幕交易犯罪所保护之法益的概括，其主要依据不同的角度对所保护法益的内容进行地概括，较为细致、系统对设置内幕交易罪所保护之法益加以阐述。

（二）我国关于内幕交易罪法益研究

在我国理论界，对于内幕交易罪所侵犯的法益也进行了深入的探讨，主要包括：单一客体说、双重客体说及三重客体说。

单一客体说认为证券内幕交易罪所侵犯的客体是单一的客体。有学者认为："本罪侵犯的客体是国家对证券期货交易的管理制度。"[1]这种观点主要是以对证券交易的市场监管为视角，认为内幕交易侵犯的是证券、期货交易的管理制度。还有学者认为："内幕交易罪侵犯的客体是证券、期货交易市场的管理秩序。"[2]笔者认为，设置证券、期货管理制度的目的就是为了维护证券、期货市场的管理秩序，而设置证券、期货管理制度只是维护证券、期货市场的管理秩序的一个手段。因此，认为证券内幕交易罪的客体是证券、期货交易的管理制度或维护其市场的管理秩序具有较大的一致性。另外，一些学者认为本罪的

---

〔1〕 刘宪权：《证券期货犯罪理论与实务》，商务印书馆2005年版，第315页。

〔2〕 高铭暄主编：《新编中国刑法学》，中国人民大学出版社1998年版，第165页。

客体为单一客体，但是，在进行进一步探讨时，又会在论证的过程中加入一些其他的观点。例如，有学者认为："内幕交易侵犯的是证券、期货交易的管理制度。但是，在进一步探讨时，其认为'内幕交易是一种不公平的交易行为，侵犯了大多数投资者的合法权益，破坏了公司的信用，极大地妨害了国家对证券、期货交易的管理制度。'"〔1〕主张这种观点的学者虽然认为内幕交易罪客体为单一客体，但在陈述理由时，还是加入了一些其他的观点。所以，说这种观点是单一客体并不准确，其也是一种多重客体的观点。

双重客体则认为："本罪的客体是证券、期货市场中的信息保密制度和投资者的合法权益。前者是主要客体，后者是次要客体。"〔2〕这种区分是有主次之分的，其认为信息保密是主要客体。所谓信息保密是指当非公开的重要信息没有公开之前，任何内幕信息持有人都负有对此信息保密的义务。进一步指，在信息尚未公开之前，任何信息持有人不得利用内幕信息进行内幕交易行为。投资者的合法权益是次要客体，内幕交易行为是一种不公平的投资行为，其交易时所取得的信息要多于一般投资人。因此，其获取收益的可能性就要高于其他投资人。据此，此种行为侵犯的客体应当包括投资人的合法权益。这种观点区分主、次客体的理由在于，信息保密与投资者的合法权益具有一定的因果关系，内幕交易行为首先违反了信息的保密制度，而因为违反了这种义务，才导致投资者的合法权益受损。还有一些学者认为："本罪侵犯的客体是双重客体，但认为侵犯的是

---

〔1〕 黄京平主编：《破坏市场经济秩序罪》，中国人民大学出版社 1999 年版，第 423 页。

〔2〕 赵秉志主编：《破坏金融管理秩序犯罪疑难问题司法对策》，吉林人民出版社 2000 年版，第 186 页。

国家证券、期货交易管理制度和他人的财产权利。”[1]这种观点是从宏观与微观两个角度对内幕交易罪侵犯的客体进行的探讨。从宏观的角度上讲，内幕交易行为违反了证券、期货管理制度，是对国家证券金融市场秩序的破坏。从微观上讲，内幕交易行为是对他人财产权利的侵犯。

持有三重客体说的学者认为：“证券、期货内幕侵害的客体包括三方面内容：一是证券、期货市场的公平、公开、公正的交易原则；二是投资者的合法权益；三是其他投资者平等的知情权。”[2]

笔者认为，内幕交易罪所侵犯的法益应当是复杂的法益，应当分别以证券市场秩序、证券发行公司、证券投资人为角度来进行探讨。首先，从宏观的角度，内幕交易行为是对证券市场秩序的破坏。其通过信息优势能够通过大量的证券买入或证券卖出来影响证券的市场价格，这样使得证券的市场价格与证券的真实价值存在差异，影响投资者的投资决策，从而对证券市场秩序造成破坏。证券市场秩序要求，每一个投资者都能在一个平等的条件下进行证券交易，证券的市场价格在一个公平的基础上产生，而内幕交易行为则是对这种正常的市场秩序进行的破坏，信息知情人员利用此信息大量地买入或卖出证券，以此来影响股票的市场价格。但是，这种影响价格的方式原本应当是在信息公开之后采用的，而内幕交易则是在信息对外公开之前通过证券买卖的成交量就不当地影响了证券市场股票的价格。此种行为是对正常的市场秩序的一种破坏。因此，可以说，内幕交易犯罪所侵犯的最主要的法益就是正常的证券市场

〔1〕 李玉先、贺小电：《证券犯罪的定罪与量刑》，人民法院出版社 2000 年版，第 97 页。

〔2〕 陈文飞：《期货犯罪透视》，法律出版社 1998 年版，第 163~164 页。

秩序。其次，就证券发行公司而言，其发行证券的目的是为了筹集资金以扩大其经营规模，改善经营效果。另外，证券的上市交易也可以使公司证券更加具有流通性。然而，影响公司股票的价格与公司的经营信息具有重大的相关性。因此，对于公司尚未公开的信息，掌握此信息的人员，都负有信息保密的义务，不得以此进行交易，影响公司正常的发展。公司经营的目的是盈利，为了使股东权益最大化，在很多内幕交易案件中，案件的行为人都是公司内部知悉内幕信息的人员，其利用内幕信息得到的利益是其本人的，而并非是为了公司的利益，这种行为不但不会给本公司带来任何经济上的利益，反而会给上市公司带来经济上或非经济上的额外损失。经济上的损失主要指该上市公司股票的低迷，即股票价格低于其真实的价值，使该公司的市场价值降低。而非经济上的损失主要是指由于内幕交易案件案发，会使公众对于该上市公司的日常管理与专项管理产生质疑，从而不再信任这家公司，造成该公司的信誉度降低，这也是内幕交易犯罪行为对于公司利益侵害的一种表现。因此，内幕交易犯罪行为侵犯的另外一个法益就是上市公司的合法权益。最后，内幕交易行为是对尚未掌握重大非公开信息的投资人利益的损害。证券市场上主张证券交易的公平性，而内幕交易行为是在破坏这种公平性。投资者在证券市场上买卖证券的目的是为了获取一定的收益，类似于将其拥有的金钱投资于银行收取利息，只不过在证券市场中存在高风险、高收益的特征。但是，这种风险大多数来源于非人为的市场风险和非市场风险。所谓市场风险，就是指影响所有行业经营状况的风险；而非市场风险是指在特定行业中，影响特定行业经营状况的风险。内幕交易行为对于证券价格的影响则属于人为介入的风险，而非正常性经营风险。企业由于这些风险导致其在经营上的困难又直接影响到投资者的利益。投资者的亏损也就是内幕交易行为人的收益。因此，内幕交易行为是对投资者合法权益的侵害，其不仅仅侵犯投资者平等交易的权利，也侵犯了投资者的财产权。

法益的研究是刑法研究领域中最为关键的领域，所有的犯罪行为都具有的共同特征就是每一个犯罪行为都侵犯了一定的法益。这是从宏观角度上讲的，具体到个罪的研究上，法益原则也是具有重要的意义的，其在认定具体的构成要件要素上具有指导的作用。同样地，在内幕交易犯罪的个罪研究中，某些构成要件要素的认定也离不开法益原则的指导作用，对于某些构成要件要素进行解读更加需要结合法益原则进行。例如，对于内幕交易罪主体问题的界定，以及内幕知情人员与非法获取内幕信息人员的认定等。从法益的角度来讲，内幕交易行为是利用内幕信息进行证券买卖的行为，其侵犯的是平等交易原则。正常的市场秩序要求关于某上市公司的信息应当等质、等量地传递给每一个投资者以后才能利用该信息进行证券买卖的行为，而内幕交易行为则是利用预先了解的、不为一般投资者所知悉的信息进行投资。因此，从这个角度来讲，内幕交易罪的主体应当是预先性获取内幕信息的人员。而预先性获取内幕信息的人员知悉内幕信息的途径主要有两种：一种是利用特殊的身份；另外一种则是通过非法的方式获取。需要注意的是，只有通过这两种方式获取内幕信息才有义务禁止进行内幕交易行为，以合法方式偶然获取内幕信息的人员，其并不知道获取的信息是内幕信息，因此，并不具有破坏这种平等性的意图。所以，对于内幕交易罪主体问题的认定必然要结合内幕交易所保护的法益进行解读。另外，在对内幕信息的解读过程中，内幕信息应当具有何种特征也同样应当结合法益保护原则进行解读。例如，对于内幕信息敏感期的解读。所谓敏感期，就是禁止利用内幕信息进行证券交易的期间。判断某一信息是否属于内幕信息，应当首先认定所涉及的信息是否正处于敏感期，如果所涉及的信息正处于敏感期间内，则该信息具有内幕信息特征中的秘密性特征；反之，如果该信息不在敏感期间内，则证明该信息已经对外公开，则不具有内幕信息中秘密性的特征。此外，内幕交易罪的法益是区分罪与非罪、此罪与彼罪的关键。内幕交易罪与非罪的研究，既包括罪与非罪是否构成行政违法的研究，也包括内幕交易犯罪与内幕交易违法行为的研究。内幕交易违法行为侵犯了一定的社会利益，同时也侵犯了证券交易的平等性、国家证券市场的正常秩序，但其与证券内幕交易犯罪还是存在差别的。这种差别并非质上的差别，而是量上的差别。例如，内幕信息知情人员利用内幕信息购买了 20 股股票并获取了少量的收益，从行政违法的角度来讲，此行为一定构成内幕交易违法行为；但是，在内幕交易罪犯罪领域的研究中，此行为并不构成内幕交易犯罪。另外，内幕交易罪与一些类似行为的区分也要结合内幕交易犯罪所保护的法益进行。例如，我国《刑法》中明确规定了编造并传播证券、期货交易虚假信息罪及操纵证券、期货市场罪。这些罪名与证券内幕交易罪都存在较大的相似性，如何区分此罪与彼罪，应当运用法益的概念进行区分。编造并传播证券、期货交易虚假信息罪行为是利用虚假的信息，向其他投资者传递虚假信息并以此来影响投资者的投资决策，并以虚假信息的内容来不当地影响某上市公司的股票成交量，从而影响公司的股价的行为。内幕交易罪所保护的法益则是证券市场平等交易原则，其利用尚未公开的信息形成信息优势，预先性地对市场价格变动有一些了解，并通过大量的买入量或卖出量影响股票的市场价格。从法益的概念角度而言，内幕交易罪与编造、传递虚假信息罪的区别就非常的明显，内幕交易罪是利用真实的、尚未公开信息形成的信息优势来侵犯法益，而编造、传播虚假信息则是利用虚假的信息影响投资者的投资决策，以此作为取得收益的手段。根据我国《刑法》相关的规定，内幕交易罪操纵证券、期货市场与内幕交易有一个共同的特征就是其均是以买卖证券价格的差额来获取利润的。但是，根据两罪所保护的法益角度，操纵证券市场并没有利用尚未公开的内幕信息来进行证券的买卖行为，其获益的原因并不是信息优势，而是通过证券的买入量和证券集中买入价格等方式来操纵证券市场的价格，使得证券的市场价格脱离证券真实的市场价格。操纵证券市场是通过其资金上的优势以及集中程度来实现的，并以此控制证券的市场价格，这种控制并非证券市场本身的因素的控制，而是人为的控制。内幕交易罪则与操纵证券市场罪存在本质的不同，其获取利润的方式是通过信息的优势，即利用内幕信息预先性地预测证券市场中证券价格变动的走势，并以此作为投资决策的基础利用知悉的内幕信息来获取利润。因此，对于个罪法益的研究，不仅仅能够在解读个罪的构成要件要素上起到关键的作用，还能在区分罪与非罪，此罪与彼罪的过程中起到至关重要的作用。

另外，内幕交易的所保护的法益与内幕交易罪犯罪结果也是存在较大的区别。从犯罪论体系角度，对于证券内幕交易犯罪结果与法益进行区分是必要的，无论是犯罪构成四要件理论，还是犯罪构成三阶层理论，犯罪结果与法益都是存在较大区别的。在三阶层理论中，犯罪客体与犯罪结果都并非是同一层面上的问题，犯罪客体是一个上位概念，而犯罪结果是一个下位概念。在三阶层理论中存在犯罪构成的该当性、违法性与有责性。犯罪客体是先于该当性、违法性及有责性的判断的。在面对具体的案件之时，首先根据犯罪客体的角度判断行为人的行为是否侵犯刑法所保护的客体，再根据行为所保护的客体的类型进行该当性、违法性和有责性的判断。在具体认定行为是否具有此三个要件之时，其判断标准要以犯罪客体作为判定的基础，也就是说，犯罪客体是该当性、违法性、有责性判断的重要指导依据。例如，以犯罪构成三阶层理论对内幕交易犯罪行为进行判断，首先要关注行为人的行为是否侵犯了内幕交易罪所保护的法益，如果认为该行为侵犯了刑法所保护的法益，才能够进行内幕交易罪的该当性、违法性、有责性的判断。在三阶层的判断中，该当性问题的判断是确定行为是否属于目前刑法典所规定的犯罪类型之一，即是否符合某个犯罪的构成要件。在此，理论界对于犯罪构成理论是否涉及有责性与违法性的判断尚存在较大的争议，对于这个问题，笔者认为，该当性的判断应当涉及违法性与有责性的判断。构成要件的该当性是法定的，其将刑法认为对于社会秩序进行破坏的行为先归入刑法的规制范围之内，符合罪刑法定的原则。也就是说，对于行为是否该当的判断，是将行为人的行为与法定的犯罪行为类型进行比对。而违法性与有责性则是主要判断某一行为是否具有违法性阻却事项和有责性阻却事项，违法性判断与有责性的判断是出罪式的判断，如果认定某行为具有违法性阻却事由或者有责性阻却事由，则认为该行为由于缺乏违法性或者有责性而无需承担相应的刑事责任。综上所述，该当性是事先进行的入罪式的违法性和有责性判断，而违法性和有责性的判断是出罪式的判断。犯罪结果判断并非是该当性判断的必要要件，即使结果犯中需要对犯罪结果进行判断，犯罪结果的判断也是属于犯罪客观方面判断的一部分，其与犯罪客体的判断并非出于同一个层面上的问题。因此，犯罪结果可以视为犯罪客体的一个下位概念。

以内幕交易犯罪为例，判断某人的行为是否构成内幕交易犯罪。首先，要从犯罪客体的角度进行判断，要确定行为人的行为是否侵犯刑法所保护之法益。内幕交易行为是否侵犯刑法所保护的法益是具体判断行为是否符合法定构成要件的前提，其在具体犯罪认定的过程中都起着重要作用，对于某具体的犯罪构成要件要素的判断要符合犯罪客体的要求。也就是说，对于证券内幕交易犯罪的认定，以及对于内幕交易犯罪的各个构成要件要素的判断都要依据犯罪客体的要求。例如，对于内幕交易犯罪主体问题的认定，就是结合内幕交易犯罪所保护的法益进行判断。根据内幕交易犯罪所保护的法益是证券投资者平等交易的原则，其要求证券投资者能够在一个平等交易的环境下进行。根据这个要求，内幕交易犯罪的主体必须具有信息上的优势，也就是说，内幕交易犯罪的主体必须区别于其他投资者，即内幕信息知情人员必须自身掌握其他投资者并未掌握的信息，只有这样才能确定内幕信息持有人是否破坏了证券市场平等交易之原则。另外，对于内幕交易罪行为客体的判断，也就是对于内幕信息的判断也应当依照内幕交易犯罪的犯罪客体进行，且内幕信息必须是尚未对外公开的，只为少数人所知悉的并能够严重影响公司证券市场价格的信息。内幕信息只有具有这些标准，才能够使内幕信息知情人员获取相比较一般投资者更多的不法利益。综上所述，内幕交易罪犯罪客体的判断与内幕信息犯罪结果的判断并不是出于同一层次上的问题。

另外，犯罪结果更加强调的是一种事实上的判断，犯罪行为与犯罪结果及其二者之间因果关系的判断是犯罪客观方面判断的重要问题。除了结果犯以外，犯罪结果的判断是一种事实上的判断，其要解决的问题是，某特定的内幕交易犯罪行为在客观上造成的犯罪结果，即内幕交易犯罪行为致使行为人获取多少利益或者避免多少损失。犯罪结果更加强调的是一种客观上的事实，一种能够在刑法层面上进行判断的客观事实。而犯罪客体问题主要是一种价值的判断，在立法的层面上讲，某些利益是否应当由刑法进行规制，这是一个立法上的问题。立法上要确定的是何种行为需要由刑法明文规定，何种利益值得刑法进行保护。而在司法层面上讲，犯罪客体问题则是犯罪构成要件要素判断的依据，对于任何犯罪构成要件要素进行判断都应当以犯罪客体为依据。综上所述，内幕交易犯罪客体更加强调的是价值上的判断。从这一层面上来讲，犯罪结果是客观上的判断。例如，行为人实施了内幕交易行为，并致使其避免了损失 300 万元。内幕交易行为与避免损失 300 万元的结果之间具有因果关系。而价值上的判断是在内幕交易行为是否应当由刑法进行规制，以及在司法实践中如何对具体的认定过程中起指导的作用，判断行为人实施的内幕交易行为是否侵犯了其他投资者的利益及是否侵犯证券市场中的正常市场秩序。

从功能的角度来讲，内幕交易犯罪结果与内幕交易罪的犯罪客体也存在较大区别。“犯罪结果研究的目的，是要弄清楚犯罪行为所造成的损害性事实状态，以及这种事实状态对犯罪认定的作用。而犯罪客体作为犯罪行为所侵害的社会关系，反映的是犯罪社会危害性这个核心问题。”〔1〕犯罪结果所要研究的主要内容是从客观上判断事实与事实之间的、需要由刑法进行判断的因果关系。而犯罪客体问题则是从实质的危险性角度对犯罪行为进行判断。例如，内幕交易犯罪是否在实质上侵犯了刑法所保护之法益，是否具有严重的社会危害性。

〔1〕 张纪寒：《犯罪结果研究》，中南大学出版社 2014 年版，第 231 页。

第三节 内幕交易构成要件要素

一、构成要件与构成要件要素

构成要件要素是犯罪构成要件研究中的重要部分，是构成要件的一个下位概念。在刑法研究领域中，构成要件的该当性研究认为，构成要件所研究的内容是客观的违法类型。传统的刑法观念认为："违法是客观的，而责任是主观的。"因此，其认为构成要件的该当性研究应当是客观的构成要件研究，而并不涉及主观构成要件要素研究。但是，随着刑法理论的不断发展，主观构成要件要素的研究也成为构成要件研究的重要的部分。例如，对故意或过失等主观方面的研究也纳入构成要件研究的领域中。

关于构成要件的实质，学界有三种不同的学说：行为类型说、违法行为类型说及违法、有责行为类型说。第一，行为类型说认为："构成要件该当性属于形式性的判断，从构成要件并不能推定行为的违法性与有责性。"〔1〕这种观点认为，构成要件的该当性只是为犯罪行为的类型确定一个明确的范围，即什么样的行为是犯罪行为。但是，通过对构成要件的该当性的判断并不能推定行为的违法性与行为人的责任。行为的违法性与行为人的有责性判断要在三阶层中的违法性与有责性阶段进行判断。这一种学说是较为古老的一种学说，其认为该当性是各种犯罪行为的列举，只说明何种行为是犯罪行为，而不进行细致的违法性与有责性判断。第二，违法行为类型说主张："构成要

〔1〕 陈兴良主编：《刑法总论精释》（第2版），人民法院出版社2011年版，第137页。

件是一种违法行为的类型，该当构成要件的行为当然是违法的，因而构成要件具有违法推定的技能。”〔1〕此种说法认为构成要件的该当性具有违法推定的功能，而不具有责任认定的功能。符合该当性构成要件的行为当然违法，但未必具有责任。第三，违法、有责行为类型说则认为：“构成要件该当性的判断不仅是违法的判断，而且也是有责性的判断。构成要件不仅具有违法推定的机能，而且具有责任推定的机能。”〔2〕笔者认为，从构成要件的该当性理论而言，犯罪构成要件在这里的研究主要是为犯罪行为的各个类别提供一个整体性的框架，其研究的意义在于展示出具备何种构成要件才能成为刑法研究与规制的对象，也就是说刑法分则中规定的符合某一类构成要件的行为应当是刑法所禁止的、必须接受刑罚惩罚的行为。从刑法规制的对象和研究范围来讲，刑法规定的内容主要包括犯罪与刑罚，而犯罪行为是主观与客观的结合，虽然该当性所展示的是从整体上对于犯罪类型与种类的概括。但是，这并不意味着在构成要件理论内部研究主观构成要件与客观构成要件没有意义。因此，以客观与主观的构成要件要素为基础，研究构成要件内部各构成要件要素的主观性与客观性是必要的。此外，认为构成要件该当性是客观的观点的主要的目的在于区分其与有责性，而在有责性的判断之时，对于排除责任因素的探讨与研究中也主要以排除行为具有犯罪构成主观构成要件要素为角度，排除某一行为人的责任。可见，有责性的研究领域也涉及构成要件要素的研究。有责性判断主要是为了排除行为人责任，其并不关注

〔1〕 陈兴良主编：《刑法总论精释》（第2版），人民法院出版社2011年版，第137页。

〔2〕 陈兴良主编：《刑法总论精释》（第2版），人民法院出版社2011年版，第137页。

行为人在个案中是否具有罪责，但是排除责任的认定本身就是对行为人具有主观构成要件的一种排除。另外，判断行为是否属于犯罪行为以行为人具有故意或者过失为必要条件，如果该当性不涉及责任的判断，而在违法性与有责性判断中又主要以排除违法性与有责性为内容，那么，在犯罪三阶层理论中就不会存在对故意及过失等主观要素的判断。因此，该当性构成要件中应当具有主观构成要件要素的认定与客观构成要件要素的判断。该当性构成要件应当既有违法性推定的机能，也具有有责性推定的机能。

二、主观构成要件要素与客观构成要件要素

主观构成要件要素是与客观构成要件要素相对应的一组概念，所谓主观构成要件要素是指："行为人的精神心灵领域和思想世界中的相应情状，这些情状表明了每个犯罪行为的主观方面的特征。"〔1〕犯罪行为是主观和客观要素的结合体，主观要素体现的是行为时行为人的主观心理特征，这种心理特征具有一定的独特性，在刑法领域中研究心理特征的主要内容就是犯罪的故意与过失，犯罪的目的、动机等内容。而客观构成要件要素则是指："行为的外部表象。根据具体犯罪的不同，各个犯罪的客观构成要件要素都包含或多或少的具体内容。具体包括：行为人要素、行为客体、犯罪行为、行为情况、行为方式等。"〔2〕客观构成要件要素是犯罪构成要件要素中最为重要的研究领域，其相比较主观构成要件要素而言，研究的领域更宽泛并且对于主

〔1〕［德］乌尔斯·金德霍伊泽：《刑法总论教科书》（第6版），蔡桂生译，北京大学出版社2015年版，第72页。

〔2〕［德］乌尔斯·金德霍伊泽：《刑法总论教科书》（第6版），蔡桂生译，北京大学出版社2015年版，第71页。

观构成要件要素判断也具有重要的意义。认定某行为人在行为时是否具有故意或者过失，也主要是从客观构成要件要素进行推定，从行为的客观情况来推定行为人行为之时主观的心理状态。例如，行为人持刀行凶，首先根据其持刀行为就可以判断其具有伤人的概括故意，如果行为人客观上针对被害人的心脏猛刺数刀，就可以判断出行为人行凶具有故意杀人的故意，而不是具有伤害他人的故意。因此，可以说对于犯罪行为客观构成要件要素的研究是犯罪构成要件理论研究中最为重要的一个部分。其不仅仅是对外部表象的判断，也具有一定的主观推定的作用。客观构成要件要素研究的范围主要包括：①行为人。也就是犯罪主体的问题，在此处存在一定的争议，即行为人的研究到底应当属于主观构成要件要素还是属于客观构成要件要素研究的领域。笔者认为，应当区分对于行为人研究的内容。如果对于行为人研究主要侧重于行为人能力、责任的研究，则应当属于主观构成要件要素的研究。如果侧重研究某犯罪主体身份上的研究，即行为主体是特殊主体，具有构成犯罪的特殊身份或者具有加重或者减轻刑事责任的身份研究，则这部分内容应当属于客观构成要件要素研究。②行为客体。行为客体即犯罪行为所指向的事物。例如，抢劫罪中“他人的财物”，内幕交易犯罪中“内幕信息”都属于犯罪的行为客体。对行为客体的研究具有重要的意义，行为客体具有区分罪与非罪、此罪与彼罪的作用。例如，以内幕交易犯罪为例，内幕交易犯罪的行为客体是内幕信息，即行为人只有利用了尚未公开的内幕信息进行证券内幕交易行为才能构成内幕交易犯罪。因此，对于行为人所用的信息是否是内幕信息是判断行为是否构成犯罪的关键，行为人利用的信息如果不符合内幕信息的认定标准，则行为人的行为将不构成内幕交易罪。除此以外，行为客体还具有区分此罪与彼罪的功能。例如，行为人将不属于自己的财产据为己有，从行为客体的角度来讲，此行为的行为客体是不属于自己的财产的。但是，不同的财产具有不同的性质。国家所有的财产具有公共性质，如果行为人利用职务上的便利，将本该归属于国家的财产非法据为己有，则行为人构成贪污罪。但是，如果行为人所侵犯的财产不是归属于国家所有，而是归于非国有公司或者个人所有，则行为人的行为将不构成贪污罪，而是应当根据财产的性质，构成其他性质的犯罪行为。③犯罪行为。犯罪行为是所有犯罪类型都必须具备的一个客观性构成要件要素。从刑法基本理论的观点上来讲，犯罪是主观恶性与客观犯罪行为的结合，刑罚并不单纯处罚主观的恶性也不单纯处罚没有主观恶性的客观行为。因此，判定某行为人构成犯罪就应当以犯罪人实施了危害社会的某种行为为依据。从刑法分则所规定的各类犯罪行为来讲，不同类型的犯罪存在不同类型的犯罪行为。例如，故意杀人罪的犯罪行为是行为人实施非法剥夺他人生命的行为。而抢劫罪则是实施以暴力、胁迫等手段，将他人财产非法据为己有的行为。因此，犯罪行为是区分此罪与彼罪最为重要的外部表现。④犯罪结果。犯罪结果是犯罪行为引发的，对于正常状态的一种破坏。犯罪结果分为实害结果和行为制造的危险状态。所谓实害结果就是犯罪行为对于正常的秩序产生的实际的、有形的损害。而危险状态则是犯罪行为对于现实社会秩序破坏的另外一种形式，这种危害结果是一种无形性的结果。例如，放火罪、投放危险物质等危险犯，除了危险犯以外，还包括对某些正常秩序产生的危险。例如，伪造、制造假币罪，此罪在造成一定的实害结果之外，还会对正常的金融市场秩序造成一定程度的破坏。对犯罪结果的研究具有判断某行为是否构成犯罪的功能，也具有识别犯罪行为的危害程度的功能。在刑法分则的罪名中有一些犯罪必须以一定的结果产生为构成犯罪的必要条件，称为结果犯，以产生某结果为必要。另外，对于危害社会主义市场经济秩序罪，一些无形的危害结果是判断行为的社会危害性的关键，也是量刑中需要考虑的因素。⑤因果关系。“所有以侵害结果或具体危险的结果之发生的实现作为前提的诸个构成要件，都要求这个结果可以追溯其原因到行为人的举止上面去。这样，这个原因上的联系便是结果和行为之间的符合构成要件的连接。”[1]行为与结果之间具有盖然性的因果关系才能够证明这种危害结果是由行为人的行为所引起的，此时行为人才需要对于这种危害结果承担相应的法律责任。因此，只有行为与产生的危害结果之间具有盖然性的因果关系才能证明行为具有刑法意义上的可归责的行为。例如，甲持刀将乙杀害，甲的持刀杀人行为与乙死亡具有直接的因果关系，持刀捅伤乙的行为是乙死亡结果产生的唯一原因。因此，甲需要承担其持刀故意杀人的刑事责任。在另外一个案例中，甲持刀杀乙，乙见到甲持刀准备杀害自己，由于心理产生强烈的恐惧心理导致心脏病突发死亡。乙的死亡结果虽然与甲的持刀行为具有因果关系，但是，死亡结果并非与其持刀具有盖然性的因果关系。甲要承担刑事责任，但并非承担故意杀人罪（既遂）的刑事责任。

三、内幕交易罪的客观构成要件要素

以上从构成要件理论的角度来探讨分则罪名中的构成要件要素，是从宏观的角度对于构成要件要素理论进行阐述的。本部分中将从内幕交易罪个罪的角度，对于内幕交易罪客观构成

〔1〕［德］乌尔斯·金德霍伊泽：《刑法总论教科书》（第6版），蔡桂生译，北京大学出版社2015年版，第76页。

要件要素进行简要的分析。内幕交易罪是一种严重危害社会主义市场经济秩序的犯罪行为，是一系列构成要件要素的组合体，缺少任何一个构成要件要素都不能成立证券内幕交易罪。证券内幕交易犯罪的客观构成要件要素具体包括：①行为主体。对行为主体是主观构成要件要素还是客观构成要件要素的争议，笔者认为，应当区分研究的内容，如果对于行为主体的研究趋向于行为人责任方面的研究则应当归于主观构成要件要素的研究领域中，而对于行为主体范围的研究、性质的研究则应当归入客观构成要件要素研究领域中。依据《刑法》和相关法律的规定，我国证券内幕交易犯罪的主体是内幕信息的知情人员或非法获取内幕信息的人员。而具体的范围则要根据《证券法》及相关司法解释的规定。②行为客体。行为客体是证券内幕交易罪研究的重要领域。证券内幕交易罪的行为客体是内幕信息，只有利用尚未公开的内幕信息进行证券买卖行为才能构成证券内幕交易犯罪，内幕信息的认定是判断行为是否构成证券内幕交易罪的核心关键、必要条件。如果行为人利用的信息不具有内幕信息的特征，则不能认定行为人构成内幕交易罪。而对于内幕信息应当具有怎样的特征，学界中尚存在较大的争议。笔者将在之后的研究中进行更为细致地阐述。③犯罪行为。犯罪行为是客观构成要件要素研究领域中的重点，所有类型的犯罪都有自身独特的犯罪行为，犯罪行为是区分此罪与彼罪最主要的外部特征。而对于内幕交易罪个罪而言，其犯罪行为表现为内幕信息知情人员利用内幕信息进行证券买卖的行为。内幕交易犯罪行为最为典型的犯罪行为就是行为人利用内幕信息低价买入或者高价卖出从而获得收益的行为。④犯罪结果。犯罪结果是犯罪行为所导致的、对于社会法益侵害的后果。具体到内幕交易罪个罪研究上，内幕交易犯罪导致的犯罪结果应当包括有形的实害结果和无形的危险结果。所谓有形的实害结果是指，内幕交易行为对于其他投资者、上市公司经济利益的损害，这种结果是可以通过定量的方式计算出来的。而无形的危险结果则是指内幕交易行为对社会主义市场经济秩序的破坏，内幕交易行为会对证券市场的正常秩序进行侵害，使其处于危险状态之中。因此，我们可以得到这样的结论：内幕交易犯罪行为所导致的结果应当包括有形的结果与无形的危险结果，在司法实践认定过程中，对于结果的考量不仅仅应当关注有形的经济利益的损害，也要关注内幕交易行为对于证券市场整体的侵害。⑤因果关系。内幕交易犯罪是主观恶意与客观侵害行为的结合，而在客观构成要件要素中评价行为人是否要为行为所承担责任，应当重点关注行为人与由行为所导致的危害结果之间是否存在因果关系。在内幕交易罪研究中，内幕交易行为与内幕交易犯罪结果之间存在因果关系，判断行为人是否应当承担内幕交易罪的刑事责任主要要关注行为人的行为与上市公司股票价格的变动是否存在因果关系、行为人的行为与证券市场的损害之间是否存在因果关系。以上所述即为内幕交易犯罪客观构成要件要素研究的重要领域。

本章小结

本章主要探讨的问题是内幕交易的概述，主要内容是围绕着内幕交易相关的概念、内幕交易罪可罚性依据以及内幕交易罪构成要件要素进行的探讨，主要的目的是从宏观的角度对内幕交易进行整体的研究。内幕交易罪相关的概念部分主要介绍的是与内幕交易罪相关的概念，包括证券、期货及内幕交易的相关概念，这些概念的论述有助于从宏观的角度，先整体把握相关概念的内涵。而内幕交易罪可罚性依据探讨的问题是内幕交易犯罪行为的刑事可罚性依据，即为何要处罚内幕交易行为，其处罚的依据是什么。在内幕交易罪可罚性依据探讨的过程中，也会对内幕交易罪所侵害的法益进行相关的研究。刑法所保护的法益的概念，是个罪研究中的重要内容。内幕交易罪所保护的法益不仅仅在设置相关的立法及司法解释中起到关键的作用，也会在司法实践中对于各个构成要件要素认定中起到关键的作用。本章的最后一个关键的内容就是探讨构成要件与构成要件要素，构成要件是刑法领域中非常关键的问题，只有符合个罪中全部的构成要件才能认为行为能够成立犯罪。而构成要件要素是构成要件的一个下位概念，构成要件是由主观构成要件要素与客观构成要件要素共同组成的，主观构成要件要素是与客观构成要件要素相对应的概念，其侧重研究行为人罪责方面的问题。而客观构成要件要素则是侧重于行为实质违法性问题的研究。在客观构成要件要素的研究过程中，主要目的是为了介绍本书研究的大体方向，即从宏观的角度介绍客观构成要件要素研究的具体内容。综上所述，以上内容就是本章研究的主要内容，主要介绍的就是内幕交易相关概念、刑事可罚性依据以及内幕交易罪构成要件与构成要件要素。

第二章 内幕交易罪行为主体

犯罪主体的问题研究是刑法分则个罪研究中重要的研究领域，也是司法实践中认定是否构成某个罪的关键。对于主体问题的研究，一般认为其主要是研究行为人的刑事责任能力与责任的问题，应当属于主观构成要件要素的研究领域。笔者认为，当对主体问题进行责任的研究时确实应当将其归于责任领域，但是，证券内幕交易罪的主体具有一定的特殊性，属于特殊主体，应当区分于一般主体进行研究。因此，应将内幕交易罪主体问题放在客观构成要件要素里进行探讨和研究。

内幕交易罪主体问题的研究是一个复杂的过程。依据我国《刑法》的规定，内幕交易罪的主体应当包括两类，一类是《证券法》规定的内幕信息知情人员，另外一类就是非法获取内幕信息的人员。但是，在学理上的解释与司法实践中，对内幕交易罪主体问题的解释与认定均存在较大的争议。

对于内幕交易主体范围及其性质必须予以明确，因为这些问题是内幕交易罪主体问题研究上的关键问题。犯罪主体是成立犯罪的必要条件，主体不适格就不能认定行为人的行为构成犯罪。随着刑罚轻缓化理念的发展，开始注重对犯罪嫌疑人、被告人权利的保护，证券内幕交易罪主体范围的确定直接影响到涉案人员的合法权益。

第一节　内幕交易罪主体范围的确定

内幕交易主体范围的确定是本部分所要研究问题的关键，主体适格的问题是判断某一行为是否构成犯罪的关键。成立证券内幕交易犯罪的一个前提条件就是犯罪主体的适格。如前所述，我国刑法规定内幕交易罪的主体包括内幕信息知情人员和非法获取内幕信息的人员。内幕交易罪是典型的行政犯，在判断某行为人是否是证券内幕交易罪的适格主体时，要依照相应的法律和行政法规的规定。例如，对于内幕信息知情人员的范围界定，要依据我国《证券法》的规定。但是，法律规定的范围是否合理以及是否存在缺陷，不同的学者存在不同的观点。在学理上及司法认定对内幕交易罪主体问题上都存在一定的差异，如何解决这种差异，使得内幕交易罪主体达到认知上的一致性是非常关键的。内幕交易罪主体问题的认定，是判断某行为是否构成内幕交易犯罪的关键，如果不符合主体资格的条件，某行为就不构成犯罪。正如我国宪法上的基本原则所述，公民在法律面前一律平等。具体体现在这个问题上就可以变形为，某公民是否能成为内幕交易罪的犯罪主体，要适用统一的、无差别的法律依据。

一、内幕信息知情人员的范围确定

依照各国法律的规定，对于内幕交易犯罪主要规定两类犯罪主体，一类是传统的内部人，也就是我国刑法中规定的内幕信息知情人员。第二类是利用非法手段获取内幕信息的人员。可见，对于内幕信息知情人员的确定，各国法律都有不同的规定，确立范围也都具有一定的差异性。

（一）美国关于内幕信息知情人员的规定

美国被认为是内幕交易违法犯罪行为规制最为完善的国家，其对内幕信息知情人员的界定大多数来源于美国证券监管法以及判例。其对于内幕信息知情人员范围界定为：

1. 传统的内幕人

这一概念来源于 Cady-Robert 案〔1〕，该案将公司的高管、董事和控制持股人确定为传统的内幕人。公司的高管、董事、控制持股人从事职务过程中最容易获取内幕信息，因此，美国法院认为这些人在信息未被公开之前，对于内幕信息具有保密的义务。这种保密义务包括禁止对其他人透露内幕信息，也不能利用内幕信息进行任何的投资决策。但传统的内幕人并不限于此，“这三类人并未穷尽存在该等义务的所有人群类别。从分析上看，该等义务取决于两个主要的因素；第一，存在可以直接或间接获得旨在只为公司目的而不是为任何人个人利益提供的信息之关系；第二，一方当事人知道信息为交易对手不可得信息而利用该信息时涉及的内在不公平性”。〔2〕以上两个重要的因素是

〔1〕 基本案情：1959 年上午，Curtis-Wright 公司在就 1959 年第四个季度发放股息较比前三个季度减少的情况下作出了一项决定，并于 11:00 由董事会授权通过电报将有关信息传输到纽约证券交易所。但由于打字和电报问题，电报传输稍微有些延迟。虽然于 11:12 已经传输到 Western-Union，但直到下午 12:29 才交付到证券交易所。通常，公司还要将有关股息行动通报给道琼斯新闻股票行情服务系统。但是，明显由于存在某些错误或意外，直到大约 11:45《华尔街日报》才得到信息，而相关公告直到上午 11:48 才出现在道琼斯股票行情市场。作出选派股息的决定后，Curtiss-Wright 董事会会议进行了一段时间的休息，期间公司董事 Cowdin 向注册人 Gintel 留下股息被削减的消息。收到消息后，Gintel 输入了两份在交易所执行的命令，一份指令是为 10 个账户出售该公司的 2 000 股股票，另外一个指令则是为 11 个账户卖空 5 000 份股票。据此，美国证券交易委员会认定其行为构成内幕交易。

〔2〕［美］路易斯·罗思、［美］乔尔·赛里格曼：《美国证券监管法基础》，张路译，法律出版社 2008 年版，第 705 页。

判断某类主体是否属于传统内幕人的关键。由上述判断标准可知，与公司具有职务关系的人员或对公司负有保密义务的公司内部人员都应当认定为传统的内幕人。其具体范围应当涵盖：①公司的股东、董事及高级管理人员。②公司的监事。③公司的控制人及其合伙人。公司的控制人指持有公司一定比例的股东或者能够对公司董事会实施重大影响的人。持有的比例大概在10%左右。“所谓持有，是指既包括自己持有，又包括以他人名义持有和利用他人购买股票。而利用他人购买股票又包括：第一，直接或间接提供股票给他人，或提供资金给他人购买股票。第二。对他人所持股票，具有管理、使用或处分之权。第三，对他人所持股票的利益或损失，全部或一部分归属于本人。”〔1〕④公司的雇员。公司的雇员可以直接或者间接接触或获取有关公司尚未公开的重要信息。而这些信息又是其他投资者无法获取的。因此，公司的雇员完全可以成为内幕信息的知情人员。⑤传统内幕人的配偶、直系血亲及信托人。“由于内幕人可以完全利用其配偶、直系亲属等从事证券、期货交易来规避披露义务、规避法律责任，所以，应当将内部人员的配偶、直系血亲及家庭信托人纳入内幕人的范围。”〔2〕内幕人员的配偶、近亲属由于与内幕人具有特殊的关系，可以将其视为一个整体利益集团，每个个人的利益的增加都会增加其整体的利益，并且整个利益集团中的个体之间存在着高度信任关系。因此，将内幕人的配偶等纳入传统内幕人的范围具有合理性。

---

〔1〕 顾肖荣、张国炎：《证券期货犯罪比较研究》，法律出版社2003年版，第282页。

〔2〕 Louis Loss，Joel Seligman，*Securities Regulation*，3rd Edition，VolumeVIII，pp. 3590~3591（1991）.

2. 推定的内部人

Dirks 案[1]突破原来内幕人认定的局限性，将为公司提供服务过程中获取内幕信息的外部人员，如会计师、律师、保荐人等，纳入内幕信息知情人员的范畴。“此案实际上是将内幕人的披露或不交易义务扩展到职业诚信义务人，还扩展到法律传统上不认为是职业诚信义务人但却在交易基础上达成保密关系的某些人。”[2]传统的内幕人主要是从公司内部的角度入手，把与上市公司具有密切关系的人作为内幕交易罪的主体，而没有关注外部人可能因为与上市公司具有合作、监管或者提供服务等关系而获取内幕信息。

3. 内幕信息泄露者与内幕信息接收者

内幕信息的泄露者与内幕信息接收者是一对相对应的概念，二者相互共存，没有内幕信息的泄露者就没有内幕信息的接收者，存在内幕信息的接收者就必然存在内幕信息的泄露者。内幕信息泄露者是指内幕信息知情人员故意将自己知悉的内幕信息泄露给他人。而内幕信息的接收者是指对内幕信息并不知情，而知悉内幕信息的唯一途径就是信息泄露者将内幕信息告知信息的接收者。传统的内幕人仅仅具有禁止利用内幕信息进行交易的义务，而并没有涉及向第三人泄密的规定。“‘公开或戒绝交易’理论很好地解决公司内部人利用重大未公开信息的交易问题，但是，如果公司内部人本身不从事内幕交易，而是将公司内幕信息泄露给公司外部人，则无法根据‘公开或戒绝交易’理论确定泄露信息者与接收信息者的责任。”[3]对于泄密者的责

---

〔1〕 Dirks V. sec，103S. Ct. 3255（1983）.

〔2〕［美］路易斯·罗思、［美］乔尔·赛里格曼：《美国证券监管法基础》，张路译，法律出版社 2008 年版，第 721 页。

〔3〕雷丽清：《中美内幕交易罪比较研究》，中国检察出版社 2014 年版，第 100 页。

任问题，美国法院认为：“内幕人与接收者之间的关系可能表明要从后者获得对价，或一种从特定接收者获得利益的目的。职业诚信义务和利用非公开信息的构成要件也存在于内幕人向交易的亲戚或朋友赠送保密信息礼品的情形。”[1]内幕人泄露信息的目的是为了获取个人利益，即因泄露信息行为获利。因此，其应当承担相应的责任。“按照信息泄露理论，如果内部人员出于明知将未公开的实质性信息直接或间接地泄露给其他人员时，则该内部人员则构成接收信息者，虽然内部人没有参与证券、期货交易，但是其也违反诚信义务而应当承担责任。”[2]而对于泄露内幕信息能够获得利益的类型，美国最高法院则认为至少可以获得三种形式的利益：①金钱利益；②可以转换为未来利益的名誉利益；③对交易亲戚或朋友的保密信息礼品。对于内幕信息接收者而言，其承担责任的理由在于受密人要对泄密人是否违反了其对公司的诚信义务的明知，具体包括两方面的内容：其一是信息接受者明知泄密人对于公司具有诚信义务、信息保密义务；其二，信息接受者有理由相信其所接收的信息是具有实质重要性并且是尚未公开的内幕信息。符合以上两个条件，并且接收信息者利用其所获得的信息进行了证券买卖行为的，就应当认定信息接收者应当承担内幕交易的法律责任。

（二）欧盟国家对于内幕信息知情人员范围的规定

欧盟共同体在1989年规定了禁止内幕交易的指令，指令要求当时的成员国家必须将内幕交易行为以立法的方式予以禁止。当时成员国家包括12个，其中法国与英国在其国内已经有关于

---

〔1〕［美］路易斯·罗思、［美］乔尔·赛里格曼：《美国证券监管法基础》，张路译，法律出版社2008年版，第724页。

〔2〕张小宁：《证券内幕交易研究》，中国人民公安大学出版社2011年版，第84页。

内幕交易行为的立法。但是，指令要求英国与法国关于内幕交易的法律规定必须与指令的规定相一致。后来由于欧盟联合体的不断扩大，成员先扩展至15个，后又扩展至25个。在欧盟指令中关于内幕信息知情人员规定，以下三种方式获取内幕信息的人员，应当认定为内幕信息知情人员：第一种方式认为："通过作为发行人的行政机关、管理机构、监事机构的成员而获得。"〔1〕这里所谓的行政机关、管理机关与监事机关是指公司的董事会、经理层及公司监事会。这一类人员无可厚非地成为内幕交易禁止的对象。首先，这些人员可以利用其所处的地位与身份轻易地获取关于公司的重要经营信息。其次，这些人员对于该上市公司负有信义义务，其不得做出有违公司利益的事情。最后，这些人员相比较其他一般人员、一般的证券投资者更有条件进行证券内幕交易犯罪行为。因此，综上所述，欧盟指令中对于这类人员规定了禁止内幕交易的义务。第二类方式认为："在上市公司具有股权，并在上市公司资本结构中占有一定比例出资的人员负有禁止内幕交易的义务。"所谓资本结构，是指某一上市公司中资金的来源。公司的资本结构大多数由两个部分组成，一部分是股权资本部分，另外一部分是债务资本部分。而此类内幕交易人则是指享有股权资本的人，即享有公司股权的股东。公司的股东是对公司日常经营、扩大经营等活动支付资金的人员，其并不能够从该公司获取职工薪酬，其获取的收益主要是权益收益，例如，股东可以通过分红、分发股利的形式从上市公司获取其利益。但是，如果股东履行了出资义务，其对已经支付的资金、财产就不再享有所有权。这部分资金、财产应当属于公司。也就是说，该种投资者不能因为自身的利

〔1〕［英］理查德·亚历山大：《内幕交易与洗钱——欧盟的法律与实践》，范志明、孙芳龙等译，法律出版社2011年版，第38页。

益而损害公司的利益。内幕交易行为就是损害公司利益的一种形式。这类人拥有公司一定的股权，如果其通过所持有的股权进行异常的证券买卖行为，将严重地影响公司股票的价格。这种影响股票价格的行为可以以两种形式表现出来：第一种形式是不通过其获取的信息，而只是简单地通过其持股的优势，通过大量的买入或者卖出行为，不当地影响公司股票的价格，此种行为是操纵股票市场价格的行为，这并不是内幕交易行为。另一种方式则是利用其持股优势获取的尚未公开的信息进行证券内幕交易行为，其也能够严重地影响公司的股价。此外，这类人员手中的股票是一种权益凭证，其可以通过持有股票的比例来影响公司的经营决策，而从决策的过程中可以预先性地获取公司尚未公开的信息。因此，对于公司的股东，特别是公司的控股股东应当设置禁止内幕交易之义务。欧盟指令中规定的第三类人员包括："通过其特殊工作获取内幕信息的人员。"这一规定是一个抽象的规定，其并未明确地规定何为通过特殊工作获取内幕信息的人员。因此，在刑法领域中认定某一行为主体是否可以成为内幕交易罪的犯罪主体之时存在很大的难度。因为，刑法具有谦抑性，对于行为是否属于犯罪的认定过程应当严格按照罪刑法定原则进行，不能随意地超越法律规定之应有文义认定某行为人或行为是犯罪主体或犯罪行为。对于主体范围的确定应当通过对立法原意的解读和此罪所保护之法益进行确定。从证券交易的公平性来讲，内幕交易罪的主体应当具有这样的行为。首先，从其在获取内幕信息概率的角度来讲，内幕人获取内幕信息的概率要远远高于其他一般投资者。其次，从其获取信息的可靠性上来讲，内幕人获取的信息的准确程度要远高于其他一般投资者。最后，该类人通过内幕信息进行买卖证券的行为将影响其他一般投资者或对证券市场价格进行影响。

欧盟指令中对于内幕交易罪主体的规定是一个兜底性的条款，应当对于此规定进行更为细化的列举。特殊的职务应当包括：①对于证券上市发行负有监管职责的单位或个人。这些人虽然不直接参与公司的经营决策，也不是公司内部负责某项业务的人员，但是，其可以在监管行为过程中获取内幕信息。这获取了某公司尚未公开的重要信息时，其应当负有禁止交易的义务，这个义务并不是其对上市公司的义务，而是其作为履行公共职责时应当履行必要义务，应当视为是监管人员职业廉洁性的一种表现。②在公司上市发行过程中提供服务的特殊机构或人员。这些人员包括律师、注册会计师及审计人员。这些机构或人员接受公司的委托，为公司提供特定的服务。在服务的过程中具有很大的概率获取该公司一些尚未公开的重要信息。而这些特殊的机构从事服务的过程中，应当坚持维护该公司利益原则，对于在提供服务的过程中所获取的信息负有保密的义务，这种义务应当是提供服务的一部分。③公司内部除了股东、董事、监事、高级管埋人员以外的人员。这些人员也属于公司内部人员，如公司的一般职员。这类主体获取内幕信息时，也应当负有禁止交易的义务。理由很简单，公司的职员应当以公司的利益为重，不应当将个人的利益凌驾于公司的利益之上。因此，这类人员对于获取的内幕信息同样应当负有保密的义务。

以上三类主体应当被界定为直接的内幕人。所谓直接的内幕人是指在工作的过程中，获取内幕信息具有一定的必然性或盖然性。例如，为公司提供法律服务咨询的人员，其在为该公司提供法律建议之时必然会了解一些尚未公开的、与公司经营存在重要关联的信息。因此，直接内幕人在所提供服务的过程中必然会因为所提供的服务而获取相关的内幕信息。除此之外，欧盟指令中还涉及另外一类主体，即间接内幕人。具体指以上规定的三类人员以外的、在提供某项服务之时并不必然会获取内幕信息的人员，其获取内幕信息具有一定的偶然性。例如，餐馆的服务人员、出租车司机在提供服务的过程中获取内幕信息的情况。这些人员所提供的服务具有一定的公共性质，其在工作的过程中可能会获取某公司的内幕信息。按照指令的规定，这些人员也不应当因为获取内幕信息而禁止内幕交易行为。虽然，很多欧盟国家对于间接的内幕人规定为可以成为内幕交易罪的犯罪主体。但是，在欧盟指令中，对于这类人员是排除在主体范围之外的。“餐馆的服务人员、出租车司机或保洁人员不是内幕交易犯罪的主体。虽然公司职员可能会将敏感的文件遗忘在办公桌上或电脑里或者在出租车后座，或在餐馆、酒吧公开谈论这些内容，但是理论上他们不应当这样做。”〔1〕公共场所并非是谈论内幕信息所必要的场所，在这些情况中获取内幕信息具有相当大的偶然性。因此，对于这些提供公共服务的特殊人员不应当被纳入内幕交易犯罪的范围之内。

以上即为欧盟指令中关于内幕信息知情人员的认定，与美国对于内幕人规定不同，欧盟指令是一部成文性的法律文件，而美国对于内幕交易主体的规定则是来源于曾经发生过的重要案例。相比较而言，美国对于内幕交易犯罪主体的规定更加详细，而欧盟指令的规定则较为模糊概括。另外，在美国的内幕交易主体范围界定中，其关注的不仅仅是职业上的诚信义务关系，还关注家庭中的诚信义务关系，将内幕知情人员的近亲属也规定为内幕人的范围之内。而欧盟指令中却没有关注这一点。

---

〔1〕［英］理查德·亚历山大：《内幕交易与洗钱——欧盟的法律与实践》，范志明、孙芳龙等译，法律出版社 2011 年版，第 44 页。

（三）我国关于内幕信息知情人员范围的规定

1. 自然人主体

内幕交易犯罪主体分为两大类，第一类即内幕信息知情人员；第二类则是非法获取内幕信息的人员。对于内幕信息知情人员的范围，刑法援引了《证券法》上的规定。我国《证券法》第74条规定："证券内幕交易信息的知情人包括：（一）发行人的董事、监事、高级管理人员；（二）持有公司百分之五以上股份的股东及其董事、监事、高级管理人员，公司的实际控制人及其董事、监事、高级管理人员；（三）发行人控股的公司及其董事、监事、高级管理人员；（四）由于所任公司的职务可以获取公司有关内幕信息的人员；（五）证券监督管理机构工作人员以及由于法定职责对证券的发行、交易进行管理的其他人员；（六）保荐人、承销的证券公司、证券交易所、证券登记结算机构、证券服务机构的有关人员；（七）国务院证券监督管理机构规定的其他人。"〔1〕从内幕交易罪的规定上来看，该罪应当被认定为行政犯。行政犯是相对于自然犯而言的，所谓自然犯是指那些明显违背社会传统伦理道德的犯罪行为。例如，故意杀人、抢劫、盗窃、强奸等犯罪。而行政犯，又称法定犯，则是指："刑罚规范的内容与社会伦理规范之间有时存在不一致之处，对于行为的犯罪性质，只有根据刑罚法规的规定才能加以确定并进行非难的情形。"〔2〕内幕交易犯罪行为就是典型的行政犯，对于构成要件的认定要结合其他法律、行政法规的规定。内幕交易主体问题的认定是确定某行为是否构成内幕交易罪的前提条件，而内幕交易罪的主体要根据《证券法》的规定确定。

---

〔1〕 参照我国《证券法》第74条。

〔2〕 陈兴良主编：《刑法总论精释》（第2版），人民法院出版社2011年版，第8页。

根据我国《证券法》的规定，证券内幕交易罪的内部知情人员主要包括三大类：第一类是与证券发行公司相关的内部人员。这类人员主要包括公司的董事、监事、高级管理人员。第二类是对证券发行、交易履行监管职责的人员。如证监会的工作人员、证券交易所的管理人员。第三类是为证券发行、交易提供特定服务的人员。例如，律师、注册会计师以及保荐人等。另外，对于公司的股东的理解，应当认为除了在公司任职的股东外，持有公司股份总额的5%的股东，才可能成为内幕交易罪的犯罪主体。

2. 单位主体

相对于一般自然人犯罪主体而言，还存在一类的犯罪主体就是单位。根据内幕交易罪相关的法律法规及司法解释的规定，单位也可能构成内幕交易犯罪。根据我国《刑法》第180条第2款的规定："单位犯前款罪的，对单位判处罚金，并对其直接负责的主管人员和其他直接责任人员，处五年以下有期徒刑或者拘役。"〔1〕根据罪刑法定的原则，单位是否能够构成某个犯罪，必须存在法律的明文规定。也就是说，单位能够构成犯罪的罪名只是少数的罪名，大多数犯罪只能由自然人实施。而对于内幕交易犯罪，单位可以构成此犯罪的主体。根据单位犯罪的特征，首先，单位犯罪的主体必须是公司、企业或者事业单位等。这是单位犯罪与自然人犯罪最为主要的特征。这里的单位可能具有法人资格，也可能不具有法人资格。例如，某单位职能单位，其并不具有独立的法人资格。但是，如果该职能部门实施了犯罪，也有可能具有犯罪主体的资格。其次，单位犯罪必须通过该单位具有决策权的机构通过法定的程序进行决议，并将此决议付诸执行。也就是说，实施单位犯罪行为是由具有决策

---

〔1〕 参见我国《刑法》第180条。

权的机构进行决策，并由具有执行该事项的机构予以执行的。如果决议并非由具有决策权的机构进行，而是由单位中的个人决定实施的，则该行为不能视为单位行为，而应当认定为个人行为。对于这种情况，不能认定为单位犯罪，而应当根据相关自然人犯罪认定其刑事责任。再次，单位犯罪必须符合罪刑法定原则的规定。也就是说，单位是否能够构成犯罪必须依据刑法的规定。只有刑法上明文规定可以由单位实施的犯罪，才能认定相关单位的刑事责任。最后，单位犯罪必须是以单位的名义实施的，犯罪行为所造成的非法获益经济利益归单位所有。单位犯罪不能以个人的名义实施，其实施的具体行为必须以单位的名义，而获取的经济利益也不能由个人所有，而应当归单位所有。以上几个条件，就是构成单位犯罪的必要条件，缺一不可。如果在具体的犯罪过程中，缺少以上任意的一个要件都不能认为该行为是单位犯罪。

以内幕交易罪个罪而言，首先，单位构成此罪必须经过该单位的有权机构的决议，只有该单位按照规定的程序通过了该项决议才能认为该行为具有单位行为的性质。其次，实施内幕交易犯罪行为之时，执行该业务的人员必须以单位的名义实施了证券交易的行为。例如，某单位委托该单位的人员利用内幕信息进行证券交易行为，并以该单位的名义进行证券买卖活动。再次，内幕交易行为所获取的非法获益或者避免损失的数额均属于该单位。也就是说，内幕交易行为获益的非法经济利益并不属于某特定的自然人，而应当归该单位所有。例如，某单位利用知悉的内幕信息，通过公司相关的规章规定，按照规定的程序实施了集体决策。最后，单位集体决定该单位将要利用该内幕信息进行内幕交易行为。在内幕信息对外公开之后，该单位因内幕交易行为获益 500 万元，并将获取的经济利益存入该公司的银行账户。从这个案例上来看，该单位通过集体的决议通过了将要利用内幕信息实施证券交易的行为，并以该单位的名义实施了内幕交易行为并将非法获取的经济利益归入该公司的银行账户。此行为的过程完全符合单位犯罪的特征，因此，对于此行为应当按照单位犯罪处理。另外，对于单位实施内幕交易犯罪行为的认定，应当按照自然人犯罪的相关原理进行认定。单位实施内幕交易行为，该单位必须是内幕信息的知情单位或者是非法获取内幕信息的单位。与自然人犯罪具有相同的特征，也就是说，单位必须具有两种特征才能够认定为是内幕信息的知情单位。在此，必须明确的问题就是内幕信息知情单位的范围。内幕信息知情单位可能包括三种单位；一种是通过互惠或者合作的关系而知悉某内幕信息。该类单位由于与某上市公司具有密切的关系而知悉该单位尚未公开的内幕信息，并以此信息进行证券交易。第二种单位是由于其履行特定领域中的职业行为而获取内幕信息，例如，律师事务所、会计师事务所，这些单位由于履行特定的领域中的服务获取内幕信息。第三类单位就是对于证券市场中负有管理或者监管义务的单位。例如，证券交易所、证监会。以上单位如果利用其特殊的社会地位获取内幕信息就可以认定其为内幕信息的知情单位。

（四）我国内幕信息知情人员认定中存在的缺陷及完善建议

1. 内幕信息知情人员认定存在的缺陷及完善建议

通过对美国、欧盟国家以及我国法律上的规定可以看出，我国对于内幕信息知情人员范围的认定尚存在较大的缺陷。这些缺陷主要集中在两个主要的问题之上；第一个问题就是主体范围过于狭窄，这将不当地减弱对内幕交易犯罪打击的力度。第二个问题就是存在主体认定的兜底条款，这个问题的存在将不当地扩大主体范围，不利于保障人民的权利。

在我国《证券法》中，对于内幕交易罪主体问题的确定存在范围过于狭窄的问题。其仅仅关注具有特殊身份的人员，而忽视了与这些人具有特殊密切关系人员的认定。例如，这些具有特殊身份人员的直系亲属，与这些人员具有特殊密切关系的人员。家庭关系应当是特殊身份犯犯罪主体研究的一个关键的课题，家庭观念加强了个人与个人之间的义务，家庭的利益关系到每个人个人的利益，而个人利益的取得也意味着家庭整体利益的增加。因此，对于具有特殊身份的内幕信息知情人员，当其获得了某公司尚未公开的重要信息之时，其更加希望家庭成员或者与其具有特殊关系的人员因为获取内幕信息而获益，此为人之常情。而与信息知情人具有特殊关系的人员也应当被纳入内幕信息知情人员的主体范围之内，理由则在于：其与信息知情人员关系密切，必然了解信息知情人员所处的地位，其获取的信息的准确程度。例如，某公司的董事长甲获取关于公司将与另外一家公司合并的信息，并将此信息告知自己最为要好的朋友乙。乙与甲相处多年，对于甲的情况非常了解，其有理由相信凭借甲的社会地位或在公司的地位可以获取该尚未公开的、关于该公司的重要的合并信息。此时，乙利用该信息进行交易与甲直接利用此信息进行证券买卖并没有任何区别。甲是信息的直接获取者，而乙是从直接获取者之处获取了第一手的资料。从这一层面上讲，乙也应当被认为是内幕信息知情人员。

“2007 年李某等人内幕交易、泄露内幕信息案。李某利用其身份上获取内幕信息的优势获取了内幕信息，并委托其丈夫购买公用科技的股票，其本身就可以构成内幕交易的犯罪主体。而其丈夫明知妻子获取的信息是内幕信息，并且根据其妻子的地位可以推断出信息的真实性和尚未公开的性质，实施了证券买卖行为，也可以构成内幕交易罪的犯罪主体。比较夫妻二人，虽然李某是内幕信息的直接获取人，但是由于二人是夫妻关系，信息掌握在谁手里并无差异，只要获取内幕信息，二者中任何一人利用此信息进行内幕交易行为，都会对证券市场公平交易原则进行极大的侵害。因此，《证券法》应当将信息获取人的近亲属纳入内幕知情人员的范围，将家庭中的诚信义务关系纳入内幕交易罪主体问题研究的视野之中。同样，对于被告人刘某，其与谭某具有特殊的社会关系，否则，谭某也不会将内幕信息泄露给刘某。谭某作为内幕信息的直接获取人，而刘某则是获取内幕信息第一手资料的人员。刘某深知谭某的工作性质与在公司的地位，其有理由相信谭某给予他的信息应当是真实、可靠的内幕信息。因此，对于获取内幕信息第一手资料的人员，即信息的接受者应当纳入内幕信息知情人员的范围之内。在这一点上，应当采纳美国关于内幕交易罪主体的规定，将传统的内幕信息知情人员的近亲属、信息的泄露者与信息的接受者都纳入内幕信息知情人员的范围之内。根据证券内幕交易罪所保护之法益可知，设置此罪主要的目的在于保护证券投资者平等的交易，从而维护证券市场的正常秩序。而传统内幕人的近亲属或与其具有特殊社会关系的人员，在获取内幕信息的概率上讲，要远远大于一般投资者。并且其利用从内幕人处得到的信息进行内幕交易的效果上来讲，无论是对公平原则的破坏，还是对证券市场秩序的影响，和传统的内幕信息知情人员并无本质上的差异。内幕信息知情人将内幕信息告知其直系亲属或与其具有特殊社会关系的人员，这本身就是一种以收益为目的的行为。其直系亲属获取内幕信息进行证券买卖行为并因此而获益，这也是信息知情人本身获益。”〔1〕

〔1〕 基本案情：被告人李某，女，广东省某市原市长；被告人谭某，公用集团公司董事长；被告人郑某，公用集团总经理；被告人刘某，男，商人；被告人林

我国关于内幕信息知情人员的规定存在的另外一个关键的问题就是兜底条款的问题。具体地讲，就是我国《证券法》第74条规定中的最后一项认为国务院证券监督管理机构认定的其他人员也应当属于内幕信息知情人员的范围。我国《刑法》对于知情人员范围的确定采用空白罪状的方式，即“指仅规定某种犯罪的行为，但其具体的特征要参照其他法律、法规来确定的罪状”。〔1〕由于采取了列举方式，刑法典与证券法对于知情人员范围的确定应当具有一定的明确性。但是，对于《证券法》第74条规定的最后一个种类，即国务院证券监督管理机构规定的其他人这个条款，不利于对“知情人员”的范围进行合理的确定。”〔2〕首先，刑罚被认为是最为严格的法律责任，对于某一

（接上页）某，男，被告人李某的丈夫。2007年，谭某筹划将公用集团优质资产注入上市公司公用科技公司，实现公用集团整体上市。期间，谭某多次就此事向李某汇报，李某表示支持。同年，谭某又将此事向市委主要领导汇报，主要领导表示同意并让李某负责此事。随后谭某将以上事项通知给郑某。郑某按要求草拟了一份整体上市项目建议书。同年7月3日，李某、谭某、郑某等人向中国证监会汇报了公用科技公司重大资产重组并实现公用集团整体上市的工作情况。中国证监会经过调查认定，公用集团将其优质资产注入公用科技公司实现公用集团整体上市的预案在公开前属于内幕信息。该信息形成于2007年6月11日，内幕信息价格敏感期至2007年7月4日。

2007年6月，谭某向李某汇报工作时提到公用科技股价会上涨，建议李某让其丈夫林某购买。同年6月中旬，谭某在办公室约见刘某，并向其泄露了内幕信息。与此同时，李某向其丈夫林某泄露了内幕信息，并委托林某购买200万元的公用科技股票。被告人刘某筹集款项677万元，并借用他人名义办理了证券交易开户手续，让朋友负责买卖公用科技股票。2007年6月29日至7月3日期间，上述两个账户在公用科技股票停盘前累计买入89.68万股，买入价699万元账面收益达1983万元。

〔1〕 曲新久主编：《刑法学》（第4版），中国政法大学出版社2011年版，第35页。

〔2〕 张祥宇：“内幕交易罪主体问题研究”，载《上海政法学院学报》2016年第1期。

行为是否构成犯罪的判断需要谨慎。按照明确性原则的要求，对于某行为是否构成犯罪的判断标准与条件以及构成犯罪以后需要承担什么样的刑事责任都需要在立法中予以明确。国务院证券监督管理机构认定的其他人员，可能是在以前的判断中确立的人员，也可能是在行为出现时，新规定的一些人员可以成为内幕交易罪的犯罪主体。这与刑法的一般原理存在巨大的冲突，根据罪刑法定原则的要求，对于行为人是否要承担刑事责任，要根据刑法的明文规定，对于成文性的法律规定不得朝令夕改。如果承认国务院证券监督管理机构能够对内幕交易罪的犯罪主体进行随意的规定，那就意味着对于证券内幕交易犯罪的认定，要依据证券管理机构的认定，这样规定会不当地扩张犯罪主体的范围。其次，根据我国《宪法》以及《立法法》的规定，对于犯罪与刑罚的规定只能以法律形式体现。而法律是指由国家立法机关按照一定的权限与程序予以制定的文件。我国的立法机关就是全国人民代表大会及其常务委员会，而《证券法》确实是由我国立法机关按照一定的程序与权限制定的。但是，关于犯罪与刑罚的规定必须在法律的层面上予以明确。而《证券法》第 74 条规定的“证券监督管理机构规定的其他人员”，这一点上并没有明确规定具体的主体范围。因此，笔者认为，这一条规定中的最后一个种类的人员并不应当作为认定证券内幕交易犯罪主体的规范。从刑法的领域来讲，犯罪主体是构成犯罪的前提条件，不符合犯罪主体的规定的行为人即使实施了某些行为，也不构成犯罪。对于某个主体或某种行为是否构成犯罪，必须依照法律的明文规定，对于犯罪构成要件要素的解读，要结合个罪法益保护之目的，对相对明确的法律规范进行解释。刑法事先没有明文规定或者规定具有高度的概括性、模糊性的，该规定不应当作为认定犯罪主体的主要规范。最后，

《证券法》主要规制的是证券违法行为，证券违法行为到证券犯罪行为的跨越，不应该是简单意义上的规范层面上的跨越。如果仅从规范层面上进行跨越，必然会引发不合理之处。具体到第74条的规定，其规定的国务院证券监督管理机构规定的其他人员主要是针对证券违法行为的规定，而不能作为证券内幕交易犯罪主体的规定。对于法律规范以及适用范围的理解，要根据立法原意及立法的目的来讲。《证券法》设置的主要目的是为了规范证券市场的各种行为，而并不是主要规制证券犯罪行为的法律。证券内幕交易违法行为的主体与证券内幕交易犯罪主体的范围并非不能达到完全的一致。证券违法犯罪的主体一定是证券违法行为的主体，而证券违法行为主体并不一定是证券犯罪的主体。因此，对于国务院证券监督管理机构认定的其他人员不应当视为证券内幕交易罪犯罪主体，应当区分对待内幕交易违法行为的主体与内幕交易犯罪主体。

总体上讲，我国关于内幕交易内部知情人员的确定尚存在较大的缺陷。对于这个问题的解决首先要从法益保护的角度来看，要从内幕信息获取的概率上和公平交易两个角度进行解读。另外，对于主体范围的确定还要从一般的刑法理论层面上来讲，其认定的过程与认定的标准不能违背《宪法》《立法法》的规定以及《刑法》的一般原理。

2. 内幕信息知情单位认定存在的缺陷及完善建议

对于内幕信息知情单位的认定，我国的法律及相关司法解释中尚未赋予过多的关注。在立法中，明显存在立法空白的状况。因此，对于内幕信息知情单位进行明确的规定势在必行。在认定单位实施内幕交易行为的过程中，我国相关的法律并没有直接规定，仅在《刑法》中规定了单位可以构成内幕交易罪，但并未规定构成单位犯罪的主体要求。

综上所述，对于内幕信息知情单位的认定应当予以明确，具体可以在相关的法律规定中或者相关的司法解释中对于内幕信息知情单位进行明确规定。笔者认为，以下几种单位可以认定为内幕信息知情单位：第一类单位就是与某上市公司具有密切关系的单位。这类单位因为与证券发行单位存在某种特定的关系，出于协助或者合作的关系，上市公司将其尚未公开的内幕信息告知该单位或者该单位通过其工作过程获取内幕信息。而该单位知悉了该内幕信息就具有禁止内幕交易的义务。因此，这类主体不能利用尚未公开的内幕信息进行内幕交易行为。第二类单位应当是对于证券市场具有管理或者监管义务的单位。这类单位中，管理部门或者监管部门因为职务上的行为，通过对某特定上市公司的管理及监督过程中获取了该内幕信息。因此，这类单位也负有禁止在内幕交易的义务，应当在相关的立法及司法解释中明令禁止这类主体进行内幕交易行为。第三类主体就是履行特定社会服务的单位。这类单位因为为某上市公司提供特定的服务或者劳务而获取了该公司的内幕信息。其属于利用其特定的社会地位获取了内幕信息，也不能利用该信息进行证券交易行为。因此，在认定内幕信息知情单位的过程中，要做到有法可依就必须对其具体的范围进行明确的规定。

二、对于非法获取内幕信息人员的确定

对于证券内幕交易犯罪主体的研究，除了包括内幕信息知情人员以外，还包括非法获取内幕信息的人员。所谓非法获取内幕信息的人员，不同学者有着不同的观点，不同的国家对于非法获取内幕信息人员的认定也存在不同的观点。

（一）美国关于非法获取内幕信息人员的规定

美国判例所形成的规则认为，除了传统意义的内幕人、泄

露内幕信息的人员与接收内幕信息的人员、推定的内部人以外，盗用内幕信息的人也同样具有禁止利用内幕信息进行证券买卖的义务。利用自己的勤奋工作，通过某一公司对外公布的财务数据推断出的信息，即使其客观上属于内幕信息，其也不构成盗用内幕信息的行为。因为，所谓盗用内幕信息是指通过一种捷径获取的内幕信息，是通过非法的手段获取的内幕信息。“传统内部人、推定内部人、泄露信息人与接收信息人承担责任的前提是他们违反了对交易所涉及公司和股东的‘诚信或信赖义务’。但是，某些与公司间不存在诚信关系也不存在信赖关系的人员，可能会利用非法手段获知内幕信息并实施犯罪。为了防止这些人逃避法律责任，首席法官 Berger 在 Chiarella 案提出，盗用非公开信息的任何人都有绝对的义务来披露信息或戒绝交易。”〔1〕在理解美国关于盗用内幕信息人员的规定时，应当从禁止交易义务来源上来探讨，内幕信息知情人员禁止内幕交易的义务来源于对公司的忠诚义务与诚信义务，而盗用内幕信息的人员禁止进行内幕交易的义务来源于其先行性行为的违法性。其本不应该是内幕信息的知情人，但由于实施了非法的手段获取了内幕信息，并进行了证券买卖行为。因此，其当然性地具有禁止内幕交易之义务。另外，依照美国判例的规定，对盗用内幕信息也有着明确的界定，所谓盗用内幕信息是指获取信息手段上的非法性，而并非是除了内幕信息知情人员以外持有内幕信息的状态。总体上讲，证券投资者获取内幕信息会有三种方式：第一种是利用职务上的便利获取内幕信息，也就是内幕信息知情人员；第二种就是以非法的手段，例如，窃取、刺探的方式；第三种获取内幕信息的方式就是通过合法的手段获取

〔1〕 雷丽清：《中美内幕交易罪比较研究》，中国检察出版社 2014 年版，第 101 页。

内幕信息，也就是通过努力地工作、认真地分析获取内幕信息。

（二）欧盟国家关于非法获取内幕信息的规定

在欧盟国家中，并没有明确非法获取内幕信息的人员的规定，也没有对“非法获取内幕信息”的定义作出明确的规定。在欧盟指令中，更加关注直接内幕人与间接内幕人的区分。直接内幕人被定义为通过职业、工作、履行职责或持有发行公司股票而获取内幕信息的人员，也就是内幕信息的知情人员。除了直接获取内幕信息的人员之外，且持有内幕信息并完整地知晓内幕信息内容的人属于间接内幕人。“指令中对间接内幕人的定义较为宽泛，在很多场合下间接内幕人是比‘泄露对象’更合适的用语，泄露对象理应包括在内。无意中听到内幕人谈论或者看到秘密文件的人也应在此范围内，即使他们并不是有意这样做，也并不一定要求内幕人是不小心泄密的。如果计算机黑客发现了内幕信息进而利用了该信息，这将不仅构成对计算机安全法的违反，还构成间接内幕人的内幕交易。”〔1〕从以上论述中，可以看出欧盟指令中的间接内幕人的范围较为广泛，其包括信息的接受者、信息合法获取者，还包括非法获取内幕信息的人员。由于间接内幕人员范围具有复杂性，所以，欧盟指令中对于间接内幕人责任问题的分配存在较大的争议并存在较大的模糊性。从对欧盟指令的解读，可以看出内幕信息的接收者和以合法的方式获取内幕信息的人员，只有当其明知是内幕信息并具有获益的目的，自己、委托他人或怂恿他人进行证券买卖行为的，才需要承担内幕交易犯罪的刑事责任。而对于非法获取内幕信息的人员，其实施非法获取内幕信息的行为的目的是获取真实的内幕信息，由于其知道内幕信息的价值才会实

〔1〕［英］理查德·亚历山大：《内幕交易与洗钱——欧盟的法律与实践》，范志明、孙芳龙等译，法律出版社2011年版，第45~46页。

施非法获取内幕信息的行为，由此可以判断非法获取内幕信息的人员对于某信息是内幕信息在主观上具有明知，如果其利用非法获取的内幕信息进行了证券买卖行为，则其应当对内幕交易的行为承担相应的刑事责任。对于合法获取的内幕信息，则要判断对获取的内幕信息是否具有明知以及是否具有获取收益的目的。虽然，欧盟指令中对于非法获取内幕信息的人员并没有明确的规定，但从对于间接内幕人的规定，可以看出其对非法获取内幕信息的人员也必然赋予了戒绝交易的义务。对于非法获取内幕信息的人员，其不得利用非法获取的内幕信息进行内幕交易。

（三）我国关于非法获取内幕信息人员的规定

1. 我国关于非法获取内幕信息人员的规定

我国《刑法》对于证券内幕交易罪的主体认定为两类，一类是内幕信息知情人员；另外一类则是指非法获取内幕信息的人员。根据我国《证券法》第 76 条第 1 款的规定："证券交易内幕信息的知情人员和非法获取内幕信息的人，在内幕信息公开前，不得买卖该公司的证券，或者泄露该信息，或者建议他人买卖该证券。"[1]对于何为非法获取内幕信息的人员，学界以及司法实践中都有着不同的理解。一些学者认为，非法获取内幕信息的人员是指以非法的手段获取内幕信息的人员，其强调获取信息手段上的非法性。而另一些学者则认为，非法获取内幕信息的人员，是指处于一种获取内幕信息的状态，并非仅仅指手段上的非法性。其主张非法获取是除了合法获取以外的信息持有状态，而合法获取则是指内幕信息知情人员持有内幕信息的状态。对于非法获取内幕信息的理解涉及内幕交易犯罪主

〔1〕 参见《证券法》第 76 条。

体范围的确定，如果将非法获取理解为以非法手段获取内幕信息，那么就需要对合法获取内幕信息进行广义的理解，不能仅仅将其理解为内幕信息知情人员持有内幕信息，而应当理解为除了以非法手段获取内幕信息以外的人员获取内幕信息的状态认为是合法获取状态。根据我国《最高人民法院、最高人民检察院关于办理内幕交易、泄露内幕信息刑事案件具体应用法律若干问题的解释》第2条的规定："具有下列行为的人员应当认定为刑法第一百八十条第一款规定的'非法获取证券、期货交易内幕信息的人员'：（一）利用窃取、骗取、套取、窃听、利诱、刺探或者私下交易等手段获取内幕信息的；（二）内幕信息知情人员的近亲属或者其他与内幕信息知情人员关系密切的人员，在内幕信息敏感期内，从事或者明示、暗示他人从事，或者泄露内幕信息导致他人从事与该内幕信息有关的证券、期货交易，相关交易行为明显异常，且无正当理由或者正当信息来源的；（三）在内幕信息敏感期内，与内幕信息知情人员联络、接触，从事或明示、暗示他人从事，或者泄露内幕信息导致他人从事与该内幕信息有关的证券、期货交易，相关交易行为明显异常，且无正当理由或者正当信息来源的。"从这个规定上来讲，官方的文件倾向于认定非法获取内幕信息不仅仅在获取内幕信息手段上具有非法性，其将内幕信息知情人员的近亲属或者具有密切关系的人、从内幕信息知情人员获取第一手资料的人都认定为非法获取内幕信息的人员。另外，也不能将两高的司法解释理解为除了合法获取内幕信息的人员以外的持有内幕信息的人员都属于非法获取内幕信息的人员。因为这一规定并未明确指出出于偶然原因获取内幕信息的人员应当纳入非法获取内幕信息人员的范围之内，其只是明确规定，除了以非法手段获取内幕信息的人员以外，在内幕信息的敏感期间内，与内幕信息知情人员的某些明示性或暗示性的行为应当认定为非法获取内幕信息的行为。我国《刑法》《证券法》以及包括司法解释在内都没有将内幕信息知情人员的近亲属、与内幕信息知情人员具有密切社会关系的人员、从内幕信息知情人员获取第一手资料的人员纳入内幕信息知情人员的范围，而是将其纳入了非法获取内幕信息人员的范围之内。

2. 我国关于非法获取内幕信息单位的规定

对于非法获取内幕信息单位的理解也应该结合自然人认定的标准。所谓非法获取内幕信息的单位，是指以非法的方式获取内幕信息的单位。在此，必须明确的问题就是以非法的方式获取内幕信息的行为是自然人具体实施的，而如何判断自然人实施的非法获取内幕信息的行为是否是单位实施的认定标准是判断某单位能否成为非法获取内幕信息的单位的关键问题。如同认定单位犯罪一样，实施非法获取内幕信息行为也应当是经过单位决策的，其也是为单位实施非法获取内幕信息的行为。此外，获取内幕信息也应当归授意单位所拥有。而在我国相关的法律规定中，并没有对内幕信息知情单位与非法获取内幕信息的单位的问题进行明确的规定，也没有对如何确定单位实施内幕交易罪的具体适用条件进行明确的规定。因此，笔者认为，在立法及相关的司法解释中应当对于单位实施内幕交易犯罪进行具有明确性、合理性的规定。

（四）我国关于非法获取内幕信息人员规定存在的缺陷及完善建议

1. 关于内幕信息知情人员存在的缺陷及完善建议

所谓“非法获取”，从字面上含义看，可以理解为以非法的手段获取内幕信息，也可以理解为除了合法获取内幕信息以外的持有内幕信息的状态。笔者认为，二者之间并没有实质性的差异，以非法的手段获取内幕信息当然应当理解为“非法获取内幕信息”，这一点无可厚非。另外，对除了合法获取内幕信息以外的持有内幕信息的状态应当如何理解，是我国理论界对于“非法获取”争议的来源，认为内幕信息合法获取的方式仅仅应当是内幕信息知情人员获取的内幕信息这种方式的观点是片面的、狭义的理解。因为在某种偶然的情况下，一般投资者也可能因为巧合而获取内幕信息，这种偶然的情况并不是行为人通过非法的手段，也不是因为与内幕信息知情人员具有亲属或者密切的关系而获得的。因此，这些人获取内幕信息的行为并不具有非法性。笔者认为，对于“非法获取内幕信息”的范围中应当排除这些偶然获取内幕信息的人员，更应当摒除这样的一种观点，即除了内幕信息知情人员以外的获取内幕信息的行为都属于非法获取。

另外，如之前的司法解释的规定，将信息知情人员的近亲属或者具有密切关系的人员、从信息知情人员手中获取内幕信息的人员纳入非法获取的范围，这样的规定是不确切的。笔者认为，非法获取内幕信息的人员应当是从信息接收者的角度来讲的。例如，甲获取了内幕信息，判断甲是否成为非法获取内幕信息的人员，应当从甲自身的情况来判断。但是，根据两高司法解释所确定的“非法获取内幕信息人员”的范围来讲，内幕知情人员的近亲属从知情人员那里获取了内幕信息，其获取行为并不违法，而信息持有者的告知行为是违法的。因此，在这种情况下，不能认定信息持有者的近亲属应当是“非法获取内幕信息”的人员。但这并不是说内幕信息知情人员的近亲属获取内幕信息之后就不负有戒绝证券买卖的义务，其承担义务的来源不是“非法获取行为”，而应当是其具有与内幕信息持有人类似的身份。也就是说，在这种情况下，内幕信息知情人员的身份因为这种特殊的亲属关系或者密切的社会关系而发生了转化，内幕信息知情人员的近亲属、具有密切关系的人员应当认定为内幕信息知情人员，而不是“非法获取内幕信息的人员”。这样理解之后，对于“非法获取内幕信息的人员”的确定就不会出现任何争议，“非法获取”就是指以非法的手段获取内幕信息的人员。对于内幕交易罪主体问题的认定，如同内幕交易犯罪构成要件要素中所有条件的认定一样，都需要结合内幕交易罪所要保护之法益来解读。对于“非法获取内幕信息人员”的解读也同样如此，如果认为除了内幕信息知情人员以外，其他所有的情况都属于“非法获取”的话，这将会不当地扩大刑法规制、刑罚处罚的范围。

综上所述，笔者认为，相比较美国、欧盟指令的规定可以看出，美国证券监管上的法律及判例可谓是最为先进的。而我国法律规定中，对于内幕信息知情人员范围的确定存在严重的缺陷，兜底条款的存在不利于我国法治建设的进程。刑法规制的范围及刑罚处罚的范围必须具有合理性、明确性，而不具有高度明确性的法律规则必然会导致公共权力的滥用，不利于对犯罪嫌疑人、被告人权利的保护。另外，对于内幕信息知情人员范围的确定以及对于非法获取内幕信息的范围的界限非常模糊，我国关于非法获取内幕信息人员的司法解释中的一些人员并非是以非法的方式获取内幕信息的人员，而应当纳入内幕信息知情人员的范围。与欧盟指令具有相同的一点是我国的规定中并没有关注家庭诚信义务关系，我国关于内幕知情人员的确定仅仅关注对于公司的诚信义务关系。在对于内幕交易主体范围的确定，应当借鉴美国证券监管法的处理方式，严格地界定内幕交易犯罪主体范围，并应当严格区分内幕知情人员与非法获取内幕信息的范围。

内幕交易犯罪主体的研究是内幕交易罪客观构成要件要素研究中一个重要的环节。犯罪主体的认定是判断行为人的行为是否构成犯罪的前提，不具有主体资格就不能认定为犯罪。因此，设置先进的、科学的内幕交易主体认定标准是必要的。

2. 关于非法获取内幕信息单位存在的缺陷及完善建议

如前所述，在我国刑法理论界及相关的立法中，其只规定了非法获取内幕信息人员的确定问题，而对于非法获取内幕信息的单位却没有明确的规定。对于非法获取内幕信息的单位认定是一个较为复杂的问题，其是单位犯罪与内幕交易犯罪相结合的问题，发生在认定非法获取内幕信息单位的过程中，但目前的立法中存在立法空白的状况。这种情况导致在司法实践中以及在认定单位实施内幕交易行为的过程中出现无法可依的情况。

对于这种困境，笔者认为，应当制定相关的立法以弥补这种困境。必须明确的一个思路就是将非法获取行为与单位犯罪相关理论进行。首先，对于非法获取行为的确定是单位实施内幕交易行为的一个问题，单位实施非法获取内幕信息的行为必须经过该单位明确决议，如果未经集体决议而是单纯的个人行为，则不能认为该非法获取行为是单位行为。另外，实施具体非法获取内幕信息的行为是由个人实施的，而获取的内幕信息必须归该单位所有。也就是说在单位实施内幕交易行为的整个过程中，单位获取内幕信息的行为，以及利用该信息进行内幕交易的行为中都必须是以单位的名义进行的，而每一个行为所获取的信息或者经济利益必须是归单位所有的。因此，对于非法获取内幕信息的单位的认定应当进行完善，而立法或制定相关司法解释的基本思路就是明确认定何为单位实施的非法获取内幕信息的行为，对于非法获取行为的认定应当比照自然人获取内幕信息行为进行明确的规定。

第二节　内幕交易罪行为主体是特殊主体

刑法领域中对犯罪主体有着这样的分类，即依据构成犯罪是否需要具有特殊的身份，将犯罪主体分为一般主体和特殊主体。在理论界，对于内幕交易罪主体是一般主体还是特殊主体尚存在较大争议。有些学者认为内幕交易罪主体是一般主体；有些学者则认为内幕交易罪主体是特殊主体；还有一种折中的说法认为在内幕交易罪主体中，内幕信息知情人员属于特殊主体，而非法获取内幕信息的人员属于一般主体。对于本罪的主体是一般主体还是特殊主体的认定，关系到是否构成本罪。对于行为是属于一般主体还是特殊主体，主要关注非法获取内幕信息的人员如何认定。一般认为，内幕信息知情人员都是具有特殊身份的人员，这在学界以及司法实践中都不存在认识上的差异。但对于非法获取内幕信息人员如何认定，在学界及司法实践中存在较大的争议。一些学者认为非法获取内幕信息是除了内幕信息知情人员以外的其他人员获取内幕信息都属于非法获取，其认为这部分人员应当属于一般主体。而另外一些人则认为，非法获取是指以非法手段获取内幕信息的人员，成为内幕交易罪适格的主体，必须实施以非法手段获取内幕信息的行为。因此，对于内幕交易罪主体的性质研究是非常关键的领域。

一、关于内幕交易罪主体的争议

认为内幕交易主体为一般主体的学者认为：“内幕交易、泄露内幕信息的主体应是一般主体。凡是知悉内幕信息的人，不管其是否是内幕人员，也不管其是合法还是非法获得了内幕信息，都能成为本罪的犯罪主体。”〔1〕这种观点对于刑法条文规定的内幕交易罪主体中的“非法获取内幕信息人员”理解是：内幕信息持有者，不管其是合法获取还是非法获取，只要其进行内幕交易行为都构成内幕交易罪。一些学者认为：“内幕交易、泄露内幕信息的主体应是特殊主体。只有具备法定条件的个人或者单位才能构成本罪。”〔2〕理由在于：“本罪并非任何自然人或者单位都可能构成，而只有具备法定条件的个人或单位才可能构成本罪。”〔3〕此种观点认为，并非所有人都可能成为证券内幕交易罪的主体，只有具备特殊身份或实施特定非法获取内幕信息的行为的人，才是本罪的主体。还有一些学者认为：“内幕交易、泄露内幕信息罪的主体既有一般主体，又有特殊主体。内幕信息的知情人员应视为特殊主体，而非法获取内幕信息的人员则应视为一般主体。”〔4〕这种观点将内幕交易罪主体进行了区分研究，认为内幕信息知情人人员因具备特殊身份而获取了内幕信息，因此，其属于特殊身份。而非法获取内幕信息的人员可以是任何人，应当属于一般主体。这种观点的主要特点在于，其认为非法获取内幕信息的人员可以是任何人，但并没有说除了合法占有以外的其他占有都是非法占有。

关于以上争议，其焦点主要在于，对于“非法获取内幕信息人员”应当做如何解释。一些学者认为：“对‘非法获取’

---

〔1〕 郑顺炎、陈洁：“内幕交易犯罪构成要件的争议”，载《人民司法》1998年第2期。

〔2〕 马克昌：“论内幕交易罪、泄露内幕信息罪”，载《中国刑事法杂志》1998年第1期。

〔3〕 马克昌：“论内幕交易罪、泄露内幕信息罪”，载《中国刑事法杂志》1998年第1期。

〔4〕 郦毓贝：“内幕交易、泄露内幕信息罪主体特征研析”，载赵秉志主编：《新千年刑法热点问题研究与适用》，中国检察出版社2001年版，第819页。

的理解不能过于狭窄，不能仅仅将其限于积极的且具有违法性的方法手段，而应从较为广泛的角度加以解释。从‘非法获得’的内涵分析，实际上应指‘不该获得而获得的情况’，其中‘不该获得’是指行为人与内幕信息之间并无职务或业务上的信赖关系，即行为人属于被相关法律法规禁止接触或获取证券、期货交易的内幕信息人员。由此可见，这里的‘不该获得而获得’本身就是对特定范围内幕信息知情权的违背。”[1]这种观点认为非法获取内幕信息就是指合法获取以外的情况，也就是说相对于内幕信息知情人员以外的人员。这样理解的话，内幕交易罪的主体即可变形为内幕信息知情人员和内幕知情人员以外的获取内幕信息的人员，也就可以认为内幕交易罪的犯罪主体为一般主体。而另外一种观点则认为：“非法获取内幕信息的人员仅仅指在获取内幕信息的手段、方法是违法的，其本身就是一种通过违法的手段获得的，而并不是内幕信息知情人员以外的获取内幕信息的状态。”如果按照这种说法，那么，除了内幕信息知情以外的人员能够成为内幕交易罪的主体，必须先前实施了非法行为获取了内幕信息。因此，对于非法获取内幕信息如何理解就成为内幕交易罪主体定性的关键问题。

二、内幕交易罪行为主体是特殊主体

针对以上争议，笔者认为，证券内幕交易罪的主体应当是特殊主体，构成内幕交易罪的主体必须具有一定的身份或因之前的某行为而负有某种义务禁止内幕交易行为。具体理由如下：

（一）内幕知情人员应当认定为特殊主体

对证券内幕交易罪主体的定性问题应当从义务的角度来讲，

---

〔1〕 刘宪权:《证券期货犯罪理论与实务》，商务印书馆2005年版，第349页。

证券内幕信息的知情人员是我国刑法中规定的本罪的犯罪主体中的第一类，其规定的具体范围应当援用《证券法》上所列举的具体范围为限度。由于内幕交易罪具有这样的性质，即其认定需要援引法律、行政法规的相关规定，因此，其应当是刑法理论中的行政犯。从义务的角度来讲，《证券法》上所规定的几类内幕信息知情人员因处于特殊的职务而负有禁止交易的义务。第一类即公司内部因处于特定职务而获取内幕信息的人员。例如，公司的董事、监事及高级管理人员。第二类即指为了上市公司上市发行提供服务的机构。这些机构并不是公司内部的职能部门，而是公司外部的、具有某一专业能力的团体。例如，律所、会计师事务所。这些人在提供某一特殊的职能的过程中获取了内幕信息。第三类即对证券市场、证券交易过程承担监管职能的单位。这些单位在对上市公司履行监管职能的过程中知悉了内幕信息。以上论述中可以看出，内幕信息知情人员都是因为特殊的身份、履行特殊的职能而负有禁止利用内幕信息进行交易的义务。另外，我国《证券法》中关于内幕信息知情人员规定的范围尚存在较大的缺陷，内幕信息知情人员与非法获取内幕信息的人员之间存在交叉的问题，即本应当归入内幕信息知情人员反而归入非法获取内幕信息的人员之中。例如，在两高的司法解释关于“非法获取内幕信息”人员中，其将内幕信息知情人员将内幕信息告知的近亲属列为非法获取内幕信息的人员。笔者认为，这种情况应当将内幕信息知情人员的近亲属列为内幕信息知情人员。理由在于：内幕信息知情人员将信息告知其近亲属这一行为，获取内幕信息的人员并没有任何非法行为，存在不当的非法行为的主体是内幕信息知情人员。所以，不能认定近亲属获取内幕信息的行为存在非法性。其次，近亲属与内幕信息知情人员存在家庭诚信义务关系，内幕信息知情人员禁止内幕交易的义务应当自动转向其近亲属。因此，内幕信息知情人员的近亲属应当列入内幕信息知情人员的范围。

（二）非法获取内幕信息的主体应当认定为特殊主体

正如前文所述，对于“非法获取内幕信息的人员”性质的理解关系到内幕交易罪主体的范围的确定问题。一些学者认为：“一般而言，非法获取内幕信息的人员，根据我国现行法律的规定，应仅限于取得内幕信息的手段的非法性，除了采取窃取、窃听、骗取、刺探、收买等方法取得内幕信息的人员外，其他偶然地获取信息的人员，不应当认为属于这里的非法获取内幕信息人员的范围。”〔1〕而另外一种观点则认为，非法获取内幕信息的人员就是除了合法获取以外的所有获取人。笔者则认为，对于非法获取内幕信息人员的理解，目前学术界尚存误解因此提出以下几个建议：

（1）对“非法获取”的理解应当严格限制解释。并非合法获取内幕信息以外的获取都是非法获取，本罪中的“合法获取”是指内幕信息知情人员在履行职责过程中获取内幕信息。但是，内幕信息知情人员以外的人员也可能在客观上实施合法的获取某上市公司的内幕信息的行为。例如，甲在饭店吃饭时，听到旁边吃饭的两人正在说某公司要以合并其他公司的方式扩大再经营，由于合并信息属于公司经营的重大信息，这种信息在尚未公开之前应当属于尚未公开的内幕信息。如果甲利用了此信息进行了证券交易行为，那么，他是否应当构成内幕交易罪。如果按照“除了合法手段之外即为非法的观点”，那么，甲的行为就构成内幕交易罪。但是，甲与知悉内幕信息的人并不认识，对二人的身份也不知情，并不能识别知悉信息是否是真实的，

〔1〕马松建：《证券期货犯罪研究》，郑州大学出版社2003年版，第172页。

也对信息是否公开不知情。即便是此信息客观上属于尚未公开的信息，但如果以此作为处罚依据未免过于苛刻且对于合法获取且对信息的真实性存疑或并不知其是内幕信息的人进行刑事处罚并不符合公平、正义的观念。因此，对于“非法获取内幕信息”应当理解为以非法手段获取内幕信息。这是对“非法获取”最为贴切的、合乎立法原意的理解。

（2）将“非法获取”理解为利用非法的手段获取内幕信息更加符合刑事立法原意。设置内幕交易罪的立法目的在于让证券市场上的投资者在相同的条件下进行证券交易，在此基础之上维护公众的财产权和证券市场的正常秩序。因此，如何做到平等交易，如何做到信息获取的平等性就是立法制定与司法认定的关键。对于一般公众而言，当其获取了客观上具有重要性的内幕信息时，其并不能确定该信息的真实性、可靠性，也未必会利用此信息进行内幕交易。而采用非法手段获取内幕信息的人员，其获取内幕信息的目的就是自己利用此信息或者通过他人利用此信息进行内幕交易。因此，其不仅仅可以知道此信息的真实性，也知道此信息尚未公开并具有一定的经济价值。无论从知悉信息真实性或从事内幕交易行为的概率上来讲，以非法手段获取内幕信息与一般公众无意识地获取内幕信息都存在重大的不同之处。显然，以非法手段获取内幕信息并进行内幕交易的行为是应当予以禁止的，而一般公众获取的内幕信息进行交易不应当得到刑法的否定性评价。

（3）从刑法条文制定的技术性角度来讲，应当将“非法获取”理解为以非法手段获取内幕信息。我国刑法中对于内幕交易罪的主体规定为内幕信息知情人员和非法获取内幕信息的人员。对于内幕信息知情人员如果其不利用内幕信息进行内幕交易就应当视其为合法占有内幕信息。因此，对于内幕信息是否合法占有应当从这个角度上来讲，此种合法占有是一种狭义的合法占有。而如果将“非法获取”理解为除了合法持有以外的持有都视为是非法的话，那么，在刑法条文中就没有必要再说内幕交易罪的主体是内幕信息知情人员和非法获取内幕信息的人员了，显得画蛇添足。如果按照以上说法，对于主体的规定就可以表述为所有社会公众只要获取内幕信息并以此进行内幕交易就应当视为构成内幕交易罪并承担相应的刑事责任。因此，从立法技术的角度来讲，非法获取内幕信息应当区别于一般投资者获取内幕信息，如果获取内幕信息的手段是合法的，那么，其利用内幕信息进行证券买卖行为就不应当受到刑法上的否定性评价。刑法规制的行为是非法获取内幕信息的人员，并非是除了内幕信息知情人员以外的人获取内幕信息都是非法的。因此，从刑法的立法技术角度而言，应当将“非法获取”视为以非法手段获取内幕信息。

（4）对于非法获取的认知存在逻辑性错误。一些学者认为，“非法获取内幕信息的人员”是内幕交易罪的犯罪主体，而任何人都可以成为非法获取内幕信息的个人。因此，从成为非法获取内幕信息的人员的概率上讲，内幕交易罪的犯罪主体应当是一般主体，任何人都有可能成为此罪的犯罪主体。笔者认为，这种观点是一种逻辑性的认识错误，如果按照这种观点的话，刑法上所有的个罪的主体都应当是一般主体。例如，我国刑法规定贪污罪的犯罪主体是国家公务人员，但是，社会公众中任何人都可能成为国家公务人员。从概率上讲，每个人都可能成为国家公务人员，就像任何人都可能成为非法获取内幕信息的人员一样。这种认知是一种逻辑性错误，因为世界上任何事物的发展都不是一成不变的，但是，我们设置法律规定去约束某一行为或某一现象的出现，是以某一行为或现象当时的状态。

设置内幕交易罪的目的也不是主要关注多少人会成为非法获取内幕信息的人，其关注的是如果某个人实施了非法获取内幕信息的行为时，应当如何对其进行评价。因此，逻辑性的认知顺序是理解内幕交易罪主体的关键所在。刑法条文的设置确实存在一般预防的效果，但是，一般预防是为了防止社会中的公众去成为危害社会的行为人，而不是考虑到底有多少人会成为那些危害社会的人。因此，对于“非法获取内幕信息人”的定性不应当主要强调有多少人能成为非法获取内幕信息的人，而主要应当关注如果某个人成为非法获取内幕信息的人以后，法律应当怎样去评价。例如，甲是证券市场的投资人，他可能成为“非法获取内幕信息的人员”之一，但是，在他没有实施此行为就不应当着重去考虑他将来是否会实施此项行为。因此，对于“非法获取”的理解，不应当因为任何人都可以实施这些行为就认定其为一般主体，而是应当认为某行为人如果实施者了非法获取内幕信息的行为之后，才成为内幕交易罪的犯罪主体。因此，实施特定的非法获取内幕信息的行为是成为内幕交易罪主体的一个条件，如果某人采取了非法获取的行为，如盗窃、刺探或采取非法进入某上市公司的信息系统等行为，其获取内幕信息的行为就应当得到否定性的评价。因此，从这个角度上来看，并不是所有一般公众都能成为证券内幕交易罪的主体，而只能具备两个条件中的任意一个就可以成为内幕交易罪的犯罪主体：其一就是行为人是内幕信息的知情人员，其二就是行为人利用非法手段实施了获取内幕信息的行为，并实施了证券买卖行为。综上所述，证券内幕交易罪的主体应当认定为特殊主体。

（5）从义务的角度来讲，内幕知情人员因职务上的便利可能会知悉内幕信息，因而负有禁止内幕交易的义务；而非法获取内幕信息的犯罪主体因先前获取内幕信息的违法性而负有禁止利用内幕信息进行交易的义务。如前所述，禁止内幕交易义务来源于法律规定与先行行为的违法性。内幕信息知情人员的义务来源具有多样性，例如，公司内部人员因对公司的忠诚义务和对未公开信息的保密义务而负有禁止利用内幕信息进行交易的义务；证券发行的中介机构因在服务的过程中获取的内幕信息，其为特定的上市公司提供服务也负有信息保密的义务，证券发行的中介机构也不可以利用尚未公开的内幕信息进行证券交易。一方面因为其是为上市公司提供服务而负有信息保密的义务，另一方面也是因为提供这些负有的机构大多数都具有特别的资质，这些资质都是受到严格审查的，如果实施内幕交易行为，则视为其在职业道德领域中存在问题，而影响其从事某项特定行为的资质。因此，这些机构也负有禁止内幕交易的义务。证券市场的监管机关承担维护正常证券市场秩序的职能，其应当对证券市场的职务负有监管的义务，而内幕交易行为则是对证券市场的正常秩序的一种破坏。证券监管机构的人员可能因为在执行监管职能的过程中获取内幕信息，其如果利用此信息进行内幕交易，就是对其公共职能的背叛。因此，可以说内幕信息知情人员是因为特殊身份、职务上的便利条件而负有禁止进行内幕交易义务。而非法获取内幕信息的人员，其区别于一般公众在于其是否通过非法的手段获取内幕信息。这类人员如果进行内幕交易行为则应当被视为一个复合型行为，即非法获取内幕信息和利用内幕信息进行证券买卖行为。如果实施了非法获取内幕信息的行为，但并未实施利用此信息进行证券买卖或利用非违法手段获取的内幕信息进行证券买卖行为的，都不应当构成内幕交易罪。此外，这类人员禁止交易的义务来源于是否实施了非法手段获取内幕信息的先行行为。实施了非法获取内幕信息的行为是判断行为人是否负有禁止内幕交易的一个条件，虽然不具有特殊的身份，但实施了这项行为就相当于具有这种特殊的身份。而采取非法手段获取内幕信息的行为人就类似于美国证券监管法里规定的获取第一手资料的人员，其直接从上市公司或其员工等手中获取内幕信息，这属于直接获取第一手资料，应当视为推定的内部知情人员。不单纯从义务的角度，对于非法获取内幕信息的人员都应当被认为是特殊主体，因先前的违法性行为使其成为禁止内幕交易行为的对象。

（6）从法律上的规定及相关的司法解释的认定看，非法获取内幕信息的人员都应当被视为特殊主体。如前所述，我国刑法中规定了内幕交易罪的犯罪主体包括内幕信息知情人员和非法获取内幕信息的人员。而根据相关的司法解释的规定，对于非法获取内幕信息的人员规定的范围包括信息知情人员的近亲属以及与之具有密切关系的人员。除此之外，非法获取内幕信息的人员主要包括以非法手段获取内幕信息的人员。笔者认为，与知情人员具有亲属关系或者具有密切关系的人员应当纳入内幕信息知情人员的范围。除此之外，非法获取内幕信息的人员就只包括以刺探、盗取等非法获取内幕信息的人员。从对相关法律的规定以及司法解释的规定可以看出，非法获取内幕信息的人员应当具有特殊主体的性质，只有以非法的方式获取内幕信息的人员，才能成为内幕交易犯罪的主体。对于法律文本的解读应当主要依据文本的字面含义与立法原意，非法获取内幕信息承担戒绝交易的义务来源于获取信息手段的违法性，也就是说，通过违法手段获取内幕信息行为本身就是法律所不允许的，而再次利用此信息进行内幕交易行为则当然要承担相应的刑事责任。

第三节　区分内幕交易罪主体内部多元化的必要性及完善建议

内幕交易罪的主体是一个复杂的理论体系，其主体的范围可能是生活中的每一个公民，但又不能因此说其为一般主体。证券内幕交易罪的主体可以因特殊的身份而负有禁止交易的义务，也可能因为先行行为的违法性而负有禁止利用内幕信息进行交易的义务。这两种义务来源是不同的，因此，其违法性程度就存在一定的差异。另外，在内幕信息知情人员的范围内，也存在明显的差异。内幕信息知情人员可能因为所处身份的不同，而对公司负有的忠诚义务也不同。但是，在我国证券法与刑法中并未体现这些差异。这同样也不符合法律面前人人平等的原则。法律面前人人平等原则要求公民在法律面前一律平等，法律平等地适用于每一个公民，同一主体适用同一种法律，不同主体差别地适用法律。例如，在内幕信息知情人员的范畴内，不同主体之间的职务差别非常大，同样，其负有的义务程度也就不同。一个公司的高级管理人员和普通员工的差异就在于，高级管理人员获取内幕信息的概率和对公司承担义务的程度都要高于普通的员工。因此，如果无差异地对这些主体适用相同的规定是不合理的。

内幕交易犯罪主体的范围是一个复杂的体系，两大类犯罪主体之间以及每一大类犯罪主体内部都存在大量不同身份、地位的人员。例如，在内幕信息知情人员的范围中，可能包括公司的股东、董事以及高级管理人员；也可能包括公司的普通员工。这些主体由于其担当的角色不同，获取内幕信息的概率及获取内幕信息之后进行证券买卖的影响力以及对于公司的诚信义务都存在差异性。另外，公司的董事、监事、高级管理人员所作出的行为所传递信息的影响力与普通员工进行证券买卖所传递的信息的影响力存在较大的差异。例如，某上市公司的董事利用内幕信息大量购买本公司的股票，在一般投资者眼中这个行为意味着公司存在利好的消息。因为，公司董事的投资行为、投资决策是值得信任的。在证券投资市场中存在一种投资方式就是“免费跟装”，这种方式是依据别人的投资决策来决定自己的投资决策。因此，某上市公司董事的行为对于证券市场中其他投资者投资行为的影响是重大的，其投资行为具有重大的影响力。从内幕信息知情人员体系内部比较，担任公司重要角色的人员与公司的一般员工相比，在内幕信息获取的机会、对公司的义务及其投资对证券市场的影响力角度都要强于一般普通的员工。

法律面前人人平等原则是宪法基本原则之一，其要求法律平等地适用于每一个公民。具体体现为对处于类似法律关系的主体适用相同或者相似的法律规范，法律对于相同的主体适用相同的法律，对于不同的主体适用差别性的对待。例如，同样都是贪污罪的犯罪主体，其定罪与量刑方面都要适用贪污罪的法定刑，在法律规定的量刑范围之内，对行为人进行刑罚处罚，这是对同一犯罪主体的相同对待。但是，即使是同一类型的犯罪主体，其犯罪的情节、性质、造成的危害结果等都具有差异性，对于这些差异性要做出差别性的对待。我国《刑法》第383条规定，〔1〕对于贪污数额的不同处以不同幅度的法定刑，其决

〔1〕 参见我国《刑法》第383条第1款的规定：“对犯贪污罪的，根据情节轻重，分别依照下列规定处罚：（一）贪污数额较大或者其他较重情节的，处三年以下有期徒刑或者拘役，并处罚金。（二）贪污数额巨大或者有其他严重情形的，处三年以上十年以下有期徒刑，并处罚金或者没收财产。（三）贪污数额特别巨大或者有其他特别严重情形的，处十年以上有期徒刑或者无期徒刑，并处罚金或者没收财产；数额特别巨大，并使国家和人民利益遭受特别重大损失的，处无期徒刑或者死刑，并处没收财产。”

定适用何种幅度的法定刑取决于贪污的数额及情节的严重程度。虽然都是犯贪污罪的犯罪主体，但由于其违法程度的差异，处以的法定刑的幅度范围也存在差异。这种出于公平、公正原则的需要，对于存在不同犯罪情节的犯罪主体处以不同幅度的法定刑的现象正是法律面前人人平等原则的体现。同样的道理，在内幕交易犯罪主体研究中，对于不同类别的主体应当注重差别性主体的平等性问题。这种平等性问题主要表现在两个问题上：一是在内幕信息知情人员范围内，各类不同主体之间的平等性问题。内幕信息知情人员包含多种不同身份的主体，既包括公司的内部人员，如公司的董事、监事等；也包括公司的外部人员，这些人员指在社会中提供特定服务的机构或人员，如注册会计师、律师等。除此以外，还存在一类内幕信息知情人员就是对证券市场日常交易提供监管职责的人员，如证券交易所、证券监管部门的人员，这类人员的职责具有公共性质。二是内幕信息知情人员与非法获取内部信息人员之间的平等性问题。此二类人员是我国内幕交易罪的犯罪主体，但是，这二类主体禁止内幕交易的义务来源存在差异性，内幕信息知情人员的义务来源于其特定的身份，而非法获取内幕信息人员的义务来源于其先行行为的违法性。二者的义务来源不同，其违法程度必然存在差异性，忽略这种差异性来认定行为人的刑事责任必然存在严重的问题。

一、我国内幕交易罪主体刑事责任规定的现状

根据我国《刑法》第180条的规定可知，犯内幕交易犯罪，情节严重的，处5年以下有期徒刑或者拘役，并处或单处违法所得1倍以上5倍以下罚金；情节特别严重的，处5年以上10年以下有期徒刑，并处违法所得1倍以上5倍以下罚金。单位

犯本罪的，对单位判处罚金，并对直接负责的主管人员和其他责任人员，处5年以下有期徒刑或者拘役。[1] 而刑法中对内幕交易犯罪的构成要件中设置了情节严重的条款，也就是说，为了区分内幕交易违法行为与内幕交易犯罪行为作出了量上的区分。行为的数额只要达到相关法律所要求的最低额，行为就会发生质的改变，由违法行为转变为犯罪行为。

然而，在适用刑罚的条款中，我国刑法的规定尚存在较大的缺陷。如前所述，我国刑法中内幕交易犯罪主体中各类别的犯罪主体存在较大的差异性，以同样的刑罚标准来适用于存在差异性的犯罪主体是不合理的。依照我国的刑法规定，无论是公司的普通员工还是公司的高级管理人员，其只要符合解释所规定的入罪标准，都一律适用刑罚的条款，这说明内幕交易犯罪的刑罚结果并不受身份上差异的影响。另外，对于承担公共职能的工作人员，也并没有体现出更为严厉的刑罚处罚，其与一般的内幕知情人员一样也是适用同一套处罚的标准，这显然有违公平、正义的理念。作为承担公共职能的机构及其工作人员，其承担职责的使命就是杜绝证券违法犯罪行为。然而，当这类人员进行证券、期货犯罪时，其得到的刑事处罚却与一般公司内部人员适用的刑罚一致，这种情况的存在确实显示公平。因此，对于内幕交易犯罪刑事处罚体系进行改进与完善势在必行。从权利与义务的角度来讲，所承担的义务越大，责任就越大，义务的大小决定责任的大小。对于犯罪主体内部的不同类别的犯罪主体必须体现出主体差异性基础上的差别对待。

---

〔1〕 参见我国《刑法》第180条。

二、区分内幕交易主体内部多元化的必要性及完善建议

（一）区分内幕交易罪行为主体多元化的必要性

我国刑法规定的内幕交易罪的犯罪主体主要包括两大类，但在具体的认定过程中，内幕交易犯罪的主体具有广泛性，不同主体之间存在较大的差异性。区分这种差异性具有一定的必要性的主要原因包括：第一，证券内幕交易主体之间身份上的差异性，导致其对证券市场其他投资者的投资决策的影响程度存在较大的差异性。在证券市场中存在的一个原则就是行为传递信号的原则，市场中某上市公司的行为或者其内部人员的行为，甚至是监管机关的行动都会导致投资者改变其投资决策。如果公司的股东在一段时期内大量地购买本公司的股票。那么，就证明此公司在短期内存在利好的消息，而其他投资者也会根据持有公司大量股票的股东可能事先了解一些尚未公开的信息或者其预先性了解了一些公司的经营动态。这些行为都会对其他投资者的投资决策产生一定程度上的影响。另外，从另一角度来讲，公司内部的股东大量地买入或者卖出本公司的股份直接会影响公司股票的价格。这个影响股票价格的行为如果是利用内幕信息进行证券买卖的方式进行的，则很可能涉及内幕交易行为。如果没有利用内幕信息进行交易，而是单纯地通过集中资金优势而影响股票的价格，则会构成操纵证券市场行为。相比较公司的股东和高级管理人员，公司普通的员工的行为传递的信号则并没有这么强烈。也就是说，其交易行为对于改变其他一般投资者投资决策的能力并没有公司股东、董事等人员这么强烈。因此，在这一点上来，将公司高级管理人员与普通的员工在量刑上适用统一标准是不合理的。在立法中应当存在硬性的规定将主体在证券市场中的影响程度的不同作出细化的

规定，以体现法律面前人人平等的原则。处于不同身份的内幕信息知情人员，其获取内幕信息的机会、获取之后进行交易对于证券市场的影响都具有较大的差异性。因此，在刑法领域对于不同身份的主体在量刑阶段必须要体现出这种差异性。第二，证券内幕信息知情人员范围内存在较大的差异性，这种差异性影响行为严重性程度。内幕交易罪的犯罪主体范围具有广泛性，主体之间存在较大的差异，这种差异除了身份上的差别性，也会影响行为的严重性程度。这种违法程度差异性既表现在内幕知情人员各类别主体之间，也存在于内幕知情人员与非法获取内幕信息人员之间。例如，在内幕知情人员的范围之内，同样是利用预先知悉的内幕信息进行证券买卖，但是，在此范围内的不同的人员，其行为的严重性程度存在差异性。如之前第一个理由所述，身份上的不同，导致在证券市场上的影响力就具有差异性，公司董事、高级管理人员的行为的误导性更强，影响证券市场稳定性的能力也更强，这也是行为具有更高危险性的一个重要的外在表现。另外，公司内部人员身份上的差异性也会导致公司内部形成缺乏诚信的经营管理理念，这也是对上市公司的重大侵害。例如，公司的高级管理人员利用内幕信息进行证券买卖行为，并因此而获利，其向下属明示或暗示这种行为为自己带来了利益。这种行为也会使其他公司内部人员实施这种行为，而新诱发的行为正是源于公司上层的管理人员。因此，相比较普通的员工，公司的股东、董事、监事、高级管人员的行为的危害性更加严重。在内幕交易的量刑标准中必须要将这种差异得到充分的体现。第三，从义务的角度而言，内幕交易犯罪主体中不同的主体义务来源不同、义务的性质以及承担义务的必要性的差异导致区分主体间差异成为必要。笔者认为，在内幕交易主体繁杂的体系中，义务来源于以下三个方面；其一，公司内部知情人员戒绝交易的义务来源于其对公司的诚信义务。这里的内部知情人员是指公司内部的内幕信息知情人员，也包括这些知情人员的近亲属。其二，证券监管机构、证券交易所及其人员戒绝内幕交易的义务来源于其承担的社会公共职能。其负责证券交易的日常管理及监管义务，这种管理和监管的职责具有公共的性质，因此，其如果知法犯法则需要进行更加严厉的处罚。其三，非法获取内幕信息的人员，其禁止内幕交易的义务来源于其先行行为的非法性。非法获取内幕信息的人员，其内幕交易行为是一个复合的行为，具体包括非法获取内幕信息和以非法获取的内幕信息进行证券买卖的行为。从义务来源的角度来讲，证券监管机关及证券交易所由于承担公共职能，其进行证券内幕交易的行为的危害性更强，一切影响证券市场的市场秩序行为的存在都源自于对其管理的不利与监管不严，而作为承担管理和监管职责的人员知法而犯法更是侵害证券市场秩序的一股强大力量。因此，从三种义务来源上来讲，对于管理市场和监管市场的主体，在同等的行为方式、性质上应当承担更多的刑事责任。而非法获取内幕信息的人员与内幕信息知情人员相比，要根据具体的情况作出区分。非法获取内幕信息的主体，其实施内幕交易犯罪行为，可以将行为分解为以非法的手段获取内幕信息和以非法获取的内幕信息进行证券买卖的行为。笔者认为，在认定非法获取内幕信息人员的刑事责任之时，存在想象竞合犯的问题。所谓想象竞合犯是指一个行为同时构成数个罪名构成要件的情况，而数个罪名之间又不存在包容关系。根据我国《刑法》第219条规定："有下列侵犯商业秘密行为之一，给商业秘密的权利人造成重大损失的，处三年以下有期徒刑或者拘役，并处或者单处罚金；造成特别严重后果的，处三年以上七年以下有期徒刑，并处罚金：

(一) 以盗窃、利诱、胁迫或者其他不正当手段获取权利人的商业秘密的；(二) 披露、使用或者允许他人使用以前项手段获取的权利人的商业秘密的；(三) 违反约定或者违反权利人有关保守商业秘密的要求，披露、使用或者允许他人使用其所掌握的商业秘密的。……本条所称商业秘密，是指不为公众所知悉，能为权利人带来经济利益，具有实用性并经权利人采取保密措施的技术信息和经营信息。……”依照本条之规定，非法获取内幕信息的人员首先采用盗窃、利诱、胁迫等其他非法手段获取内幕信息，而内幕信息属于刑法中规定的不为公众所知的经营信息。另外，非法获取内幕信息的人员，利用内幕信息进行证券买卖行为，从而获取差价收益，对公司股价造成巨大的损害，使该公司产生重大的损失。这同时又符合侵害公司商业秘密的条件，因此，非法获取内幕信息并进行内幕交易犯罪的行为既构成证券内幕交易犯罪，又构成侵犯商业秘密罪。同一个行为同时构成刑法分则中规定的两个不同的犯罪，符合想象竞合犯的特征。根据想象竞合犯的处罚原则，应当择一重罪处罚，根据二者中刑罚处罚较重规定进行处罚，而根据刑法分则中的规定，内幕交易罪的法定刑要高于侵犯商业秘密罪的法定刑。因此，根据想象竞合犯的处罚原则，应当根据内幕交易罪的法定刑进行处罚。但是与此不同的一点在于，在这种情况下，对该行为的刑事处罚不得低于侵犯商业秘密罪的最低的法定刑。这相当于对这种行为进行处罚是在加重内幕交易罪法定刑的基础之上，也就是在内幕交易罪的法定刑之内，又增加了一个限制条件，就是作出的刑事处罚不得低于侵犯商业秘密的最低法定刑。“我国刑法总则虽然没有明文规定想象竞合犯及其处理原则，但刑法分则的一些条文明显承认了想象竞合犯，并且规定对想象竞合犯仅适用一个较重的法定刑。”[1]因此，从想象竞合犯的司法处置措施上来讲，非法获取内幕信息人员实施了内幕交易犯罪行为即使构成想象竞合犯也要承担内幕交易罪的刑事责任，在承担的法定刑上来讲，会存在最低刑罚的限制。但是，在我国刑法分则条文中，并没有体现出这种思路，刑法条文中也并没有认为以非法手段获取内幕信息的主体进行证券内幕交易犯罪是一种想象竞合犯的状态。如果没有认为这种情形是想象竞合犯，那相当于并没有区分内幕交易主体类别之间的差异；如果认为想象竞合犯存在，那就能够得到这样的结论，即非法获取内幕信息人员的内幕交易犯罪行为的刑罚责任要比公司内部知情人员的刑事责任要大。综上所述，笔者认为，对于内幕交易犯罪主体的刑事责任应当差别对待，对于不同类别的主体，应当在设置刑罚责任之时体现这样的原则：①为日常证券市场提供管理、监管等公共职能的主体应当从重处罚。②非法获取内幕信息的人员应当在立法中增加想象竞合犯条款，对其法定最低刑进行限制。③在上市公司内部的知情人员类别中，对内幕交易刑事责任的承担要区分承担重要角色与一般员工的区分。

法律面前人人平等原则是我国宪法中的基本原则，是具有最高法律地位的法律原则，而在内幕交易犯罪主体研究领域中，这个原则并没有得到充分的体现。笔者认为，此原则应当着重运用于量刑领域，而非定罪过程中。理由在于，我国刑法中规定的入罪标准是行为构成犯罪的最低标准，只要行为所达到的严重性程度符合入罪标准，就能够认为行为构成犯罪。另外，身份上的不同不能在定罪阶段体现，定罪的标准应当统一，这

---

〔1〕 张明楷：《刑法学（上）》（第5版），法律出版社2016年版，第489页。

样才可以避免混乱。因此，让身份上的差异在量刑阶段得以体现，可以更好地符合法律面前人人平等的原则。

(二) 对于区分内幕交易罪行为主体内部多元化的问题完善建议

“罪刑相当原则，又可以称为罪行均衡原则、罪刑相适应原则。《刑法》第5条规定：‘刑罚的轻重，应当与犯罪分子所犯罪行和承担的刑事责任相适应。’依据这一规定，罪刑相当原则是指犯罪分子所受到的刑罚惩罚应当与犯罪的事实、性质、情节、社会危害性的大小以及所应当承担的刑事责任相适应。”〔1〕内幕交易主体内部存在多元化的问题，即在内幕交易犯罪主体中，存在多种具有不同性质的主体，对于不同主体实施内幕交易行为刑事责任的判断，应当作出区别对待，将罪刑相当原则引入内幕交易主体刑事责任的认定是符合内幕交易主体内部多元化的情况的，有利于不同主体进行差别性的对待。

差别化对待的问题主要是解决不同主体刑事责任承担的问题。在此，笔者认为，应当依照一定的标准将内幕交易内部不同类别的主体重新进行一次分类，而分类的基础或者标准则是从其自身解决内幕交易行为义务的角度进行。第一类即为公司内部持有一定比例股份的股东、董事、监事、高级管理人员和普通员工及其近亲属。这类人员是内幕信息知情人员中的公司内部人员，也就是传统的内部人。第二类即为公司外部因其从事特定的服务获取内幕信息的人员，包括律师、注册会计师。第三类即为承担公共职能、为证券市场的日常秩序提供管理、监管义务的主体。这类主体是因特殊的职能而获取某上市公司内幕信息的人员，但是，其承担的职能具有公共的性质，是提

〔1〕 曲新久主编：《刑法学》（第6版），中国政法大学出版社2016年版，第12页。

供公共服务的机构。因此，其与普通的外部内幕信息知情人员还是存在一定的差别性。第四类即为非法获取内幕信息的人员。这类人员也是公司外部获取内幕信息的人员，其获取内幕信息的手段具有一定的非法性质。可见，这类主体在获取内幕信息进行内幕交易犯罪之时，同时可能构成侵犯公司商业秘密罪。从行为的性质来判断，非法获取内幕信息进行内幕交易犯罪的情况符合想象竞合犯的情形。这四类犯罪主体中，从义务的角度来讲，公司普通员工与公司的高级管人员相比，其所要承担的忠诚义务、诚信义务要低于后者。而戒绝交易义务最高的应当属于承担公共管理职责的证券交易所和证券监管机构，监管措施不力、监管不严是我国证券市场处于混乱状态最为主要的原因，而知法犯法更是破坏证券市场有序秩序最强大的一股力量，因此，必须严格规定承担公共职能人员的内幕交易刑事责任。在此，笔者认为，应当根据行为人所承担的义务角度，对于内幕交易犯罪的刑事责任作出区分对待，以符合罪刑相当原则，具体的完善思路如下：

（1）公司内部的普通员工与外部的一般知情人员承担基本范围之内的刑事责任。

目前，刑法关于证券内幕交易犯罪所规定的刑事责任应当适用于这些主体，这类主体获取内幕信息的概率及获取之后进行证券内幕交易犯罪对于证券市场的影响力较小，但当其符合入罪标准证明其已经触犯了刑法所容忍的底线。这类人员的影响能力较之公司内部的高级管理人员的影响力低，其影响公众的投资决策的能力也较低。因此，对于这类人员直接使用目前刑法所规定的刑事责任具有一定的合理性。

（2）对于公司内部持有一定比例的股东、董事、监事、高级管理人员与非法获取内幕信息的人员承担相似的法律责任。

公司内部持有一定比例股份的股东、董事、监事、高级管理人员，由于其在公司内部具有一定的领导力，获取内幕信息的机会以及对于公司的诚信义务远高于公司的普通员工。更为重要的一点就是其投资决策在证券市场的影响力也要远远高过公司普通的员工。因此，相比较公司的普通员工而言，这类人员应当在进行证券内幕交易犯罪之时承担更大的刑事责任。从内部高级管理人员投资行为的影响力上讲，证券市场中存在行为传递信号的原则，也就是说公司内部高级管理人员对于市场中的其他投资者的影响力是巨大的。因此，相比较公司普通的员工，这些人员应当承担更多的刑事责任。对于非法获取内幕信息的人员利用获取的内幕信息进行证券内幕交易的行为一般会涉及想象竞合犯的问题，如前所述，非法获取内幕信息的人员进行内幕交易犯罪行为同时也构成侵犯公司商业秘密的犯罪行为。内幕信息是公司尚未公开的关于公司经营的重要信息，同时，侵犯商业秘密罪的商业秘密就包括公司尚未对外公开的经营信息。而侵犯商业秘密罪中另外一个重要的要件就是行为人利用商业秘密给公司造成重大的损失，利用内幕信息进行证券内幕交易行为，可以视为是给公司造成重要损失的一种方式。因此，可以将非法获取内幕信息进行证券内幕交易的行为视为想象竞合犯的情况，在我国目前刑法中，尚未在侵犯商业秘密罪中或在内幕交易罪中规定这种想象竞合犯的情况。笔者认为，应当将想象竞合犯的这种情形规定在内幕交易犯罪的情形之中，这样就可以区分对不同主体的刑事责任。按照刑法的一般原理，想象竞合犯的处理依照构成的犯罪中较重的一个罪处理。例如，如果一个行为同时构成甲罪和乙罪，但是，根据刑法的规定，甲罪的法定刑比乙罪要高，所以应当按照甲罪的规定对行为进行处罚。另外，对于择一重罪处罚还应当按照行为人行为的性质及情节进行比较。例如，按照刑法的规定，甲罪较之乙罪而言，无论从法定最低刑还是法定最低刑都高于乙罪。但是，从行为人行为的性质和情节而言，如果按照乙罪进行处罚的力度要大于甲罪，则应当按照乙罪进行处罚。笔者认为，前述情形应当认定这种情况下的想象竞合犯，非法获取内幕信息的人员进行证券内幕交易行为的严重性程度要大于公司普通的员工，但又与公司内部高级管理人员等的危害性具有相似性。而将想象竞合犯的情形归入刑法分则中，将非法获取内幕信息的人员按照想象竞合犯的处理模式进行处罚实际上就是按照内幕交易犯罪的刑事责任进行从重处罚。理由在于：如果按照想象竞合犯的方式进行处理，依据刑法分则的规定，内幕交易犯罪的法定刑要高于侵犯商业秘密罪的法定刑。而依据想象竞合犯的一般处理原则认为，对于行为同时触犯两个罪名的情况之下，如果罪与罪之间不存在包容关系，或者不存在手段行为与目的行为、原因行为与结果行为，则应当按照其中一重罪处理。而按照择一重罪处理又意味着，最后的处理结果不应当低于轻罪的最低法定刑。因此，可以认为轻罪的最低法定性是对重罪量刑的一个限制，虽然刑法分则没有规定对于想象竞合犯应当择一重罪从重处罚，但从实际的处理效果上来讲，想象竞合犯的处理方式实际上与择一重罪的从重处罚具有同样的效果。例如，按照我国刑法分则的规定，对于内幕交易犯罪，情节严重的，处 5 年以下有期徒刑或者拘役，情节特别严重的，处 5 年以上 10 年以下有期徒刑。对于侵犯商业秘密罪，给商业秘密权利人造成重大损失的，处 3 年以下有期徒刑或者拘役，造成特别严重后果的，处 3 年以下 7 年以下有期徒刑。当非法获取内幕信息的主体，利用内幕信息进行证券买卖行为之时，按照行为的性质、犯罪情节，应当按照内幕交易犯罪的法定刑进行处理，另外，要注意的一点就是处理结果不得低于侵犯商业秘密罪的最低法定刑。综上所述，笔者认为，首先，想象竞合犯的处理结果是从一重罪处理，但实际上，与从一重罪从重处罚的实际效果具有相似性，其处理结果不得低于轻罪的最低法定刑。其次，对于非法获取内幕信息的主体应当与内幕信息知情人员中的董事、监事、高级管理人员的义务强度具有相似性。因此，内幕信息知情人员中的董事、监事及高级管理人员应当与非法获取内幕信息的人员处理结果相似。

(3) 对于从事公共职务、履行公共职责的证券交易所及证券监管机关应当从重处罚。

证券交易所、证券监管机构是对日常证券市场秩序提供管理和监管义务的机构，其履行的职责具有公共性质。2016 年我国发生了前所未有的大规模性股灾，根本性原因就在于对证券市场的监管不力，证券监管机构负有不可推卸的责任。证券监管机构是正常市场秩序的保护伞，一旦有监管不严、监管力度不够、甚至知法犯法情况的现象，都会使证券市场出现灭顶之灾。证券交易所、证券监管机构履行的职责属于公共职能，其是代为人民履行公共职责，与其说其在行使权力，不如说其在履行义务。与其他内幕交易犯罪主体相比较，这些人员更应当从严追究其刑事责任，因其进行内幕交易的行为同时具有滥用职权的嫌疑。因此，笔者认为，对于这些履行公共职能的人员的刑事责任应当区别于其他主体，不仅是法律面前人人平等原则的体现；设置从重处罚的条款更加有利于威慑到证券市场中的管理人员及监管人员依法履行其应当履行的职责。

综上所述，笔者认为，应当根据内幕交易罪主体内部各不同类别主体作出差别性对待。内幕交易主体是一个复杂的体系，在这个群体中，身份差异较大，行为的危险性、行为的影响力差异较大，因此，差别性地进行量刑是必要的。

证券内幕交易犯罪主体问题是探讨主体是否适格的问题，是关系到行为人实施的行为是否能够构成证券内幕交易犯罪的必要条件。目前，我国关于证券内幕交易犯罪主体的法律规定、相关法律及司法解释尚存在较大的缺陷，这些缺陷不仅仅是立法的问题，更重要的是其会严重影响证券内幕交易犯罪的司法认定。例如，内幕交易犯罪主体的规定缺乏明确性，将导致司法认定对于内幕交易主体范围不当地扩大，侵害公民权利。具体而言，对“非法获取内幕信息主体”的理解，现在仍然存在误区，一些人坚持认为所谓非法获取是指除了内幕信息知情人员以外的持有信息状态。但是，我国相关的司法解释已经很明确地列举出非法获取内幕信息的人员范围，只不过列举的人员并非仅仅指以非法的方式获取内幕信息的人员，其将本应当属于内幕信息知情人员范围的人员也列入非法获取内幕信息的人员范围。可见，正是由于相关法律及司法解释规定的模糊性及规定上的逻辑错误导致对“非法获取内幕信息人员”存在误解。内幕交易主体范围确定是一个非常关键的问题，从微观上来讲，涉及内幕交易犯罪个罪认定的准确性问题。从宏观上来讲，内幕交易犯罪主体范围确定的合理性，涉及对犯罪的打击力度与犯罪嫌疑人人权之保障。除了对内幕交易犯罪主体范围之确定问题之外，对于内幕交易犯罪主体的性质问题的阐述同样具有较大的理论意义与实际意义。犯罪主体的性质研究更加偏向于理论研究，但是，从理论研究之后确定其性质将影响司法实践中主体的认定问题。我国刑法将内幕交易罪的犯罪主体规定为两大类，即内幕信息知情人员及非法获取内幕信息的人员。对于内幕信息知情人员性质的确定，在理论界存在统一的认识，即认为这类主体属于特殊主体，只有具备特殊的身份才能成为内幕信息知情人员。但是，对于“非法获取内幕信息的人员”性质的理解则存在较大的差异，笔者认为，对于这个问题的理解存在争议的根源在于：一方面，法律规定对“非法获取内幕信息人员”的规定存在问题。在相关的司法解释中列举的非法获取内幕信息的人员，不仅仅包括以非法的方式获取内幕信息的人员，还包括合法获取内幕信息的人员。这种规定是学界产生争议的主要根源，既然合法获取内幕信息的人员也包括在“非法获取内幕信息人员”的范围内，那么，非法获取内幕信息的人员就不仅仅包括以非法的方式获取内幕信息的人员。之所以存在这样的问题，笔者认为，主要是因为立法上对非法获取内幕信息人员与内幕信息知情人员的界限存在模糊性，一些应当纳入内幕信息知情人员范围中的人员并未规定在此范围之内，而被纳入了非法获取内幕信息人员范围内。因此，立法缺陷是导致认定上错误的主要根源。另一方面，除了立法上的缺陷之外，还存在认识上的逻辑错误。非法获取内幕信息的人员的理解不应当从实施此行为的概率上来讲，不能因为认为所有人都可能成为非法获取内幕信息的人员就认定其为一般主体。而应当按照这样的逻辑顺序进行理解，即只有行为人实施了以非法的手段获取内幕信息的行为之后，才能成为内幕交易犯罪的主体。这样理解就应当认为“非法获取内幕信息”的人员为一般主体。除了以上两个关键问题，还有一个值得关注的问题就是对于差异性主体问题的差别对待的问题。内幕交易犯罪主体范围是一个较为复杂的体系，虽然都属于内幕交易犯罪的主体，但是，在这个体系范围内，各个类别主体还是存在较大差异。目前，我国立法中尚未对这些差异进行回应。笔者认为，对于这种差异性应当在立法上进行明确的差异，根据不同主体的义务来源、不同的义务强度对具有差异性的主体进行差别性的对待。

本章小结

本章主要介绍的内容是内幕交易罪主体问题的相关内容。内幕交易罪主体的问题中既有涉及主观构成要件要素的问题，例如罪责的问题，也有客观构成要件要素的问题。而本章的主要内容是围绕客观构成要件要素的问题进行的研究。在第一节中，主要探讨的问题是内幕交易犯罪行为主体的范围及其认定的问题，主体范围的确定是内幕交易罪主体问题中的关键问题，如何确定内幕信息知情人员与非法获取内幕信息的人员是本节研究的关键问题。主体范围确定的合理性将影响着内幕交易罪认定的准确性。从内幕交易所保护的法益来讲，内幕交易罪的主体应当是在证券交易过程中破坏证券交易平等性、证券市场正常市场秩序的人员，其利用信息的优势进行了非法获益的行为。内幕信息知情人员与非法方式获取内幕信息的人员则是信息优势的持有者。另外，本章探讨的第二个内容是内幕交易罪主体的定性问题，即内幕交易罪的主体是一般主体还是特殊主体的问题，笔者认为内幕交易罪的主体是特殊的主体，原因在于对于信息知情人员而言，其特殊主体的资格来源于特殊的身份；而非法获取内幕信息的人员，其特殊主体的资格来源于先行行为的违法性。因此，只有具有特殊的身份或者实施了特定的非法获取内幕信息行为才能够认定行为人具备内幕交易罪主体的资格。本章的第三个内容所要探讨的问题就是内幕交易罪主体内部多元化的问题，在内幕交易罪主体的内部存在多元化的主体，其主体的体系过于复杂。但是，就我国目前的法律而言，在刑罚的设置上，并未对具有多元化的主体身份进行区分。综上所述，本章的主要内容就是为了探讨区分主体内部多元化的必要性与可行性的问题，并在此基础上提供了一些完善建议。

第三章 内幕交易罪行为对象

内幕交易犯罪对象研究又称内幕交易犯罪行为客体问题研究，所谓行为客体，又称行为对象，“一般是指实行行为所作用的物、人、组织、制度等客观存在的现象”。[1]行为所指向的对象与行为所侵害的利益是存在较大差别的，行为的对象是行为所指向的物，而在犯罪的过程中，犯罪行为所指向的物未必受到侵害；而犯罪行为所侵害的法益则是指犯罪行为所侵害的社会利益，在整个犯罪过程中，刑法所保护的法益必然会受到犯罪行为的侵害。对于犯罪行为的客体研究具有重要的意义，其具有区分罪与非罪、此罪与彼罪的作用。例如，同样都是利用职务上便利，非法侵占财产的行为，但是，其行为所指向的对象，即财产，其性质决定行为的定性。

在证券内幕交易犯罪中，其行为客体就是内幕信息，犯罪所指向的事物就是内幕信息。而所谓内幕信息，就是指上市公司尚未对外公开的、具有重大性质的、准确的经营信息。在证券市场中，上市公司的经营、财物信息与股票的市场价格具有最为密切的关系。某上市公司的未来具有利好的经营信息将导

---

〔1〕 张明：《刑法学（上）》（第5版），法律出版社2016年版，第163页。

致该公司的股票市场价值在一段期间持续上涨；相反，如果该公司将来存在影响持续经营不利的信息则将使该公司的市场价值持续下降。而证券内幕交易犯罪则是通过其特殊的身份或者特定的非法行为提前获取该公司经营信息，并利用这种信息优势对公司的股价变化、波动情况进行提前性的判断，并因此而获益。可见，对于内幕信息的判断是证券内幕交易犯罪客观构成要件要素研究的重要问题。对于某信息是否属于内幕信息的判断是认定内幕交易犯罪的必要问题，其重要性与内幕交易主体问题具有等值性。如果行为人利用尚未公开的内幕信息进行证券买卖行为，就意味着其利用信息优势进行了预先性的市场预测，这对于其他投资人是不公平的。但是，如果行为人是通过仔细的推测、精确的计算、努力的工作而预测到某上市公司未来的经营走势，并且利用这种预测进行证券买卖活动而获益的，这种行为就不应当被认为是证券内幕交易行为。综上所述，内幕信息的认定涉及了内幕交易罪与非罪、此罪与彼罪的认定。例如，如前所述，非法获取内幕信息的主体实施证券内幕交易行为涉及想象竞合犯的问题，其行为同时侵犯了内幕交易罪与侵犯商业秘密罪。但是，如果行为人非法获取的对象是公司的除经营信息以外的商业秘密，则行为就不构成想象竞合犯的问题，而仅仅构成侵犯商业秘密罪。因此，内幕信息的认定不仅仅涉及罪与非罪的认定，也涉及此罪与彼罪的问题。

行为客体研究是构成要件研究的重要问题，在我国刑法传统的犯罪构成四要件研究中，其认为犯罪构成四要件包括犯罪主体、犯罪客体、犯罪主观方面与犯罪客观方面，而行为客体是在犯罪客观方面与犯罪客体层面进行的探讨，在犯罪客体层面，主要探讨的问题是犯罪客体与行为客体的区分。在犯罪客观方面进行探讨的主要内容较为具体。显然，以往对于行为客体的探讨是以犯罪构成要件下位概念进行的探讨。问题在于，行为客体研究具有重要的意义，其是构成犯罪的重要、必要的条件，使其处于传统领域的地位进行探讨会使理论界忽略对行为客体的研究。而不得不承认的一点是行为客体在某些类别犯罪的研究中是特别重要的，因而在内幕交易犯罪个罪研究中，行为客体研究就是特别重要的问题。因此，有必要将内幕交易犯罪行为客体研究置于一个单独的研究领域进行探讨。

第一节　"有效市场理论"视角下的内幕信息概念

证券内幕信息与股票、债券等证券具有密切的相关性，根据证券市场中的有效市场理论，其依据市场的有效性以及信息与市场有效性的关系，将证券市场分为弱势有效市场、半强势有效市场及强势有效市场。实际上，世界各国的证券市场都没有达到强势有效市场，这说明在一般的证券市场中，掌握内幕信息的人员利用内幕信息并以此进行证券买卖行为就能够获得超过市场正常收益率的超额利润。换句话说，由于股票、债券等证券的市场价值与相关信息的变动具有联动关系，所以，在证券交易的过程中，掌握信息就相当于可以获得相应的报酬。内幕交易则是一种证券欺诈行为，信息的掌控者本不应该利用此信息进行交易，其对掌握的信息负有戒绝交易的义务。证券内幕信息与股价的波动性问题应当是内幕交易罪行为客体研究的第一个问题，其理论的阐述能够说明禁止内幕交易行为的依据，也是证券内幕交易罪行为具有社会危害性的一种表现。阐述内幕信息与股价变动的关系的目的就是在理论中说明证券内幕交易行为的社会危害性。因此，对于这个问题的研究是必要的，也是对行为客体研究的一个重要问题。

在证券市场上，信息的掌握程度是投资行为是否能够获取高额收益的最为主要的因素。股票的市场价值的波动规律将取决于公司未来的经营信息、财务信息等与公司持续经营具有密切相关性的信息的波动趋势。笔者认为，股价波动取决于信息变动的主要原因在于：①信息的内容体现公司当前及未来的经营状况。信息的内容主要体现公司的经营状态，利好的信息意味着公司的经营将持续处于发展的状态，而非利好的信息则意味着公司的经营将陷入经营困难，甚至会影响公司的持续经营。②信息披露义务是公司将自己的经营状况向外界传递的唯一的、最为重要的途径。信息披露义务是一项法定义务，上市公司具有将自己经营的信息向外界传递、让公众了解公司经营的重要信息的义务。而信息披露也是证券市场中的投资人了解公司经营状况的唯一途径。一般的投资者，其即使掌握公司一定比例的股权，但并不直接参与公司的经营的过程。因此，信息披露就成为一般投资者了解公司经营的唯一途径。③证券市场中存在一个重要原则，即行为传递信号的原则，而信息披露的内容体现行为的内容。行为传递信号的原则，即证券市场中的行为将影响投资者的投资决策。信息所体现的内容会严重影响一般投资者的投资倾向。例如，公司的股利分配制度的变化，将影响投资者的投资决策问题。在股利分配政策中，不同的公司会采用不同的股利政策，这将取决于公司经营状态与行业发展趋势。一般来讲，股利分配政策主要包括固定股利支付率股利分配政策、固定股利政策、剩余股利政策与低正常股利加额外股利政策。不同的股利政策或者改变原有的股利支付政策都将导致证券投资者改变其未来的投资决策。综上所述，笔者认为，首先，公司的经营状况影响公司股票的市场价值及投资者的投资决策。其次，公司的经营状况主要以信息披露的形式对外体现。因此，公司经营相关信息传递的效率与效果直接关系到投资人的利益，而在当代证券市场中，禁止利用内幕信息进行证券买卖行为是必要的措施。由于信息与股票的市场价格具有如此密切之关系。所以，为体现证券市场的公平性，禁止利用内幕信息进行证券交易是必要的。

一、有效市场理论

信息是证券市场上对于市场进行预测最为重要的依据，对于证券市场进行分析离不开各公司回馈给证券市场的信息。依芝加哥大学教授法玛的观点，市场信息分为历史信息、公开信息与内幕信息，与此对应的证券市场分为弱势有效市场、半强势有效市场与强势有效市场。

（一）弱势有效市场

强势有效市场，即市场上的信息仅反映企业的历史信息，在证券市场中，掌握公司经营的历史信息并不能影响上市公司股票的价格。所谓历史信息，就是企业历史交易记录等经营过程中生成的信息。在这个市场上，存在严重的信息不对称，因此，如果某人能够得到关于某企业的公开信息或内幕信息，将会在证券市场上获得超额收益。之所以称具有这种特征的证券市场为弱势有效市场的原因就在于，在这种证券市场中，信息传递的效率与效果不佳，市场处于无效的状态。因此，在这个市场中，仅仅禁止内幕交易并不能保证证券市场中公平交易的原则。理由在于，在弱势有效市场中，内幕信息与公开信息具有同等的效果。

（二）半强势有效市场

半强势有效市场中除了能够获得历史信息以外，还能获得公开信息，所谓公开信息就是企业财务报表等信息，在这个市场上，通过对公开信息的分析，无法使证券投资人获得超额收益，只有内幕信息的掌握者通过证券交易能够获得超额收益。在现实社会中，几乎所有国家的证券市场都属于半强势有效市场。在半强势有效市场中，掌握历史信息与公开信息对于投资者来讲只是基础性的分析，其影响股票市场价值的能力不强，而只有内幕信息才能影响股票的市场价值。禁止内幕信息交易是在这种模式证券市场中应当规定的义务，因为，少数内幕信息知情人员利用内幕信息进行内幕交易行为能够从市场中获得超额的利润。

（三）强势有效市场

在强势有效市场中，市场反映的信息包括历史信息、公开信息与内幕信息，因此，在这个市场中，即使掌握内幕信息，也不会获得超额的收益。在强势有效市场中，不会有任何信息会产生市场中的信息不对称。一个恰当的比喻就是，一个人在路上看见一元钱在地上，如果是在强势有效市场上，他不会去捡起来这一元钱，即使他捡了也不会有任何经济利益，因为，假设社会上所有的人都是理性经济人，在完全有效市场上不会通过任何方法获得超额收益。这种市场是理想状态下的证券市场。

因此，通过法玛的有效市场理论，可以得到这样的结论：在我们现实中的证券市场上，能够获得超额收益的信息只有内幕信息，而掌握内幕信息的人，可以在市场上获得超额的收益。综上所述，根据有效市场理论所表达之含义，内幕信息可以说是能够获得超过正常市场收益率的唯一信息。但是，问题的关键在于内幕信息是对公众尚未公开之信息。掌握内幕信息的人员仅仅占整个市场中投资人很少的比例，而证券交易、证券买卖行为是典型的民事行为，其注重证券交易的平等性。证券交易市场关注的是证券交易的平等性，证券交易的平等性是证券交易中最为重要的原则，而破坏这种平等性原则的结果就是其他投资人的财产利益受损。而证券内幕交易行为利用的内幕信息进行交易就是破坏这种平等性最为严重的行为模式。根据有效市场理论，一个证券市场的有效性主要取决于信息能否等质、等量地传递到证券市场的每一个证券投资人，如果存在信息传递受阻的情况则意味着证券市场的有效性不足。

有效市场理论并非是刑法领域研究的重要问题，但是，这并不意味着有效市场理论在本部分进行研究就毫无意义。笔者认为，有效市场理论研究是内幕交易行为客体研究的重要部分。首先，有效市场理论能够说明内幕信息存在信息上的优势，这种信息优势可以为内幕信息知情人员带来额外的收益。在刑法领域中探讨有效市场理论，可以更加明确内幕信息在证券市场中的地位，也可以充分证明内幕信息交易的社会危害性。其次，有效市场理论对一些内幕信息界定相关法律、法规具有重要的指导作用。如何认定内幕信息不仅仅是一个刑法问题，甚至可以说刑法领域在认定内幕信息的问题要借助其他学科的指导。而有效市场理论可以说是关于信息与证券市场的基础理论，其阐述的内容是内幕信息、证券市场的基础理论。因此，对内幕交易犯罪各个构成要件要素的理解、认定都应当结合内幕交易犯罪内幕交易犯罪的法益，而有效市场研究的内容应该成为内幕交易犯罪法益研究的重要内容。它所回答的问题就是内幕信息是能够在弱势有效市场中获得超额收益的信息，而现实社会中的证券市场是半强势有效市场，在这个市场中，掌握内幕信息进行证券交易是侵犯其他证券投资者权益的行为。

二、内幕信息的概念与范围

内幕信息是证券内幕交易犯罪的行为客体，行为人利用其所掌握的内幕信息进行证券买卖行为，侵犯了正常的证券市场秩序并侵犯了其他投资者的财产利益。在内幕交易行为的认定过程中，内幕信息的概念与范围的界定是必要的。在刑法领域中，对于行为是否构成犯罪要依据罪刑法定原则，行为人要承担刑事责任的基础就是其所实施的行为侵犯了刑法典预先的规定。罪刑法定原则中的“法定”规定的行为模式可以从整体上与部分上进行理解，从整体上来讲，行为模式是由法律规定的，即刑法分则中规定的是一个完整的行为，而这个完整的行为又由各个部分组成。以内幕交易罪为例，内幕信息持有人利用内幕信息进行证券内幕交易是由刑法典预先性的规定予以禁止的，而从个别要素来讲，内幕信息的概念与范围也同样应当有法律预先性的规定。关于内幕信息的概念与范围，各个国家的理论界与司法实践中都存在差别。通过对不同国家对于内幕信息概念及界定范围进行的比较研究，对完善我国关于内幕信息研究提供了大量的依据与资料。

（一）美国关于“内幕信息”的概念与范围

美国是一个典型的判例法国家，所谓判例法，就是对于具有相同或相似法律关系的案件，适用于相关先前的判例所确定的规则。类比的思维无论是在司法实践中还是在理论研究中都大量的存在。对于“内幕信息”的概念，美国联邦立法与证券交易委员会的条例都没有进行明确的界定。内幕信息具体的认定则是依据判例法所确立的原则。关于“内幕信息”判例所确立内幕信息的认定标准认为内幕信息应当包括两个重要的特征：一个是内幕信息应当具有秘密性；另外一个是内幕信息具有实质重要性。所谓秘密性是指信息是关于某上市公司本应当履行信息披露义务而对外公开但尚未公开的信息。实质重要性则是指内幕信息所涉及的内容是关于公司经营的重要信息，信息的内容对于公司的经营状态能够产生重要影响的信息。"实质性是指该信息公开后，会影响到投资者是否愿意以当前的价格购买或者出售该证券，即判断某个信息是否具有'实质性'应当以该信息能否影响包括'投机'和'保守'投资者的合理的投资判断为标准。"[1]秘密性与重要性的特征是美国相关法律及判例对于内幕信息进行的概括。虽然在美国相关法律及判例中对于内幕信息相关的定义没有明确的阐述，但是，其对于内幕信息特征所确立的认定标准还是具有一定的合理性，具体表现在：

（1）秘密性。首先，在美国认定秘密性标准过程中，秘密性的认定标准表现在以往的案例中。其次，认定秘密性特征主要关注的时间点包括信息产生时与对外公开时两个时点。如果行为人利用信息进行证券买卖且获取的信息处于产生时与公开的日期之间，则行为人的行为就构成内幕交易犯罪。因为，此时信息尚未对外公开且不为一般投资者所知悉。而相反，如果行为人利用的信息已经对外公开，只要其履行必要的程序则认为信息已经对外公开，此时的信息已经超过内幕信息禁止交易的敏感期间，行为人的行为不构成内幕交易犯罪。而在上述案例中，关于公司经营将持续不良的情况属于该上市公司的重要信息，按照履行信息披露义务的要求，该公司应当将此信息对外公开。但是，在该信息尚未对外公开之前，内幕信息知情人员利用该信息进行了证券卖出的行为，从而避免了股票市场价值下降所带来的损失。避免了应当承受的损失应当视为一种获

---

[1] 顾肖荣、张国炎：《证券期货犯罪比较研究》，法律出版社 2003 年版，第 277 页。

利行为。因此，行为人利用内幕信息进行证券买卖行为并因此而获利的，应当视为构成证券内幕交易犯罪。

（2）实质的重要性。在美国相关法律及判例中对于内幕信息的认定标准中所确立的另外一个标准就是实质的重要性。在美国证券交易委员会起诉麦克唐纳案中，被告人基于其担任董事会主席的便利条件知悉了关于该公司的内幕信息并在该信息未被公开的情况下购买了该公司的股票。而当该信息对外公开之时，股票在数日之内上涨了19%。这是一个典型的内幕交易犯罪的案件。行为人在内幕信息敏感期间内，利用该具有重要性的信息进行了证券买卖活动。但是，如果其没有预先知道这个信息，可能其不会实施购买股票的行为。因此，可以说内幕信息影响了投资人的购买行为及投资决策。美国最高法院在以前的TSC工业公司案中强调："重大性取决于理性股东通常会认为信息重要的情况，但同时也指出，没有必要去证明未披露的信息足以改变股东的决定，只要证明一位理性的股东有可能会认为该信息很重要就足够了。"〔1〕美国法院中对于内幕信息的重要性标准规定了一个具有概括性的认定标准，其并没有明确的列举内幕信息的范围，也没有规定一个具有相对明确性的认定原则。因此，在认定内幕信息具有重要性的情况下，法官在个案的审判中具有较大的自由裁量权。其认定信息具有重大性标准的依据主要在于利用信息进行交易时，股票价格的变动幅度。如果比较存在这个信息与不存在这个信息，股票价格会发生重大变化时，通常会认为该信息具有重要性的特征。除了这个标准外，还存在一般理性的标准，即认为如果一般的理性投资人认为某一信息的存在会影响其投资决策，会改变其投资行为的，

〔1〕 施天涛、周伦军主编：《美国证券欺诈经典案例——内幕交易与虚假陈述》，法律出版社2015年版，第295页。

则认定该信息具有实质的重要性。

综上所述，在美国的法律及判例中，对内幕信息的定义及范围确定尚不存在具体的规定，其只是规定判断某信息是否属于内幕信息应当关注其是否具备秘密性及实质重要性的标准，只有符合以上两个特征才能够认定内幕信息。在美国的司法实践中，内幕信息认定是内幕交易犯罪行为认定的必要条件。内幕信息对于股票价格的影响作用是重要的。因此，只有某信息具有秘密性与实质的重要性的特征时，才能说明内幕知情人员戒绝内幕交易行为的合理性。以上就是美国关于内幕信息认定标准的规定，这种规定的形式是由美国法律传统所决定的，遵循先例是美国司法过程中最为重要的原则。在内幕交易案件的认定中，遵循先例原则同样具有举足轻重的作用。

（二）欧盟国家关于“内幕信息”概念与范围的界定

“根据欧盟指令 89/592/EEC 第 1.1 条描述的内幕信息的要素，内幕信息是指：（1）尚未公开发布；（2）具有准确性；（3）涉及一个或者多个可转让证券的发行者；（4）该信息一旦公开可能对证券价格产生重大影响。”[1]欧盟指令的这个规定是从内幕信息的认定标准上或者说从内幕信息所具有的特征上进行的概括。相比较美国对于内幕信息判例的规定，欧盟指令对于内幕信息特征的概括更为详细，其认为内幕信息应当具有秘密性、准确性、相关性及实质重要性的特征。欧盟指令中关于内幕信息特征的总结相比较美国相关判例增加了两个特征就是准确性与相关性。所谓准确性，在欧盟指令中可以界定为内幕信息所涉及的内容是准确的，而不是虚假的信息。而相关性是指信息所涉及的内容与公司的经营状况具有密切的关系，内幕

〔1〕［英］理查德·亚历山大：《内幕交易与洗钱——欧盟的法律与实践》，范志明、孙芳龙等译，法律出版社 2011 年版，第 85 页。

信息所涉及的内容将严重影响股票的市场价格。“该规定关涉内幕交易概念的核心：非法利用与证券发行者相关而大多数人尚未获知的信息从事证券交易，从而获取暴利。消息必须‘具有准确性’至于准确到什么程度、其确切含义还不够清楚。因此，各成员国在具体适用时采取了不同的标准，其中可能最为激进的是，德国证券交易法最近完全摒弃了内幕信息这一术语，而改为内幕事实。”〔1〕在内幕信息的界定中，认为其具有准确性的特征是合理的。信息是否是真实的将影响行为性质的定性，如果信息是真实的，则信息一定会在将来的证券市场中出现并将影响公司股票市场价格的走势。因此，其属于内幕交易犯罪行为；如果信息属于虚假的，则利用虚假的信息对股票市场价格产生影响的行为则不属于证券内幕交易犯罪。因此，笔者认为，信息是否具有真实性影响行为的定性。内幕信息的相关性则是从内幕信息所涉及的内容上来讲的，对于相关性原则的理解应当从两个方面理解：一方面，相关性是指内幕信息所关涉的内容与具有公开流通的上市公司具有相关性，其内容涉及某一公司或者某些公司的经营信息。另一方面，相关性又包括另外的一层含义就是内幕信息所涉及的内容与该公司的股票市场价格具有相关性。利好的信息将使公司的股票市场价格上升；相反，如果非利好的信息存在则会使公司股票的市场价格下降。因此，对于内幕信息相关性的理解应当从以上两个方面进行。

欧盟指令的规定对于欧盟国家的国内法具有一定的约束力，但这并不意味着欧盟成员国中的任何国家都采用欧盟指令中的规定。在法治建设进程较为迅速的德国，其国内法律规定：“内幕信息是指包含着不为公众所知的事项的具体信息，与内幕票

〔1〕［英］理查德·亚历山大：《内幕交易与洗钱——欧盟的法律与实践》，范志明、孙芳龙等译，法律出版社 2011 年版，第 85 页。

证的一个或数个发布者有关，或者与证券本身有关，如果该信息被公众所知悉，会严重影响证券的价格。”[1]德国对于证券内幕信息的定义应当是各个国家中最有特色的一个，其是从内幕信息到公开信息转变的整个过程对内幕信息进行定义的。在尚未公开之前，社会公众对于内幕信息的内容并不知悉，这体现了内幕信息的秘密性。并且内幕信息所涉及的内容与一个或者多个证券发布者直接相关，这体现的是内幕信息的相关性。而当内幕信息对外公开之后，内幕信息所涉及的内容会严重影响公司股票的市场价格，在这个定义中隐含着内幕信息的两个重要的特征。一个较为明显的特征即为内幕信息的实质重要性，内幕信息公开之后公司股票价格会比内幕信息对外公开之后的价格有大幅度的变化；另一个较为隐蔽的特征就是内幕信息的真实性、准确性。按照欧盟指令的规定，内幕信息应当具有准确性；不过，如前所述，在德国的法律中对于内幕信息准确性并没有过多的规定。不过，从其定义中，还是可以看出德国对于内幕信息的规定还是将内幕信息的准确性纳入了其中。内幕信息公开之后会严重影响公司股票的价格，也就是说只有内幕信息对外公开才能够影响公司的股票价格，而公司对外公开信息就认为该信息真实发生、真实存在。如果信息是虚假的，公司就不负有信息披露的义务，自然也就不会影响公司股票的价格。而只有客观发生的、具有准确性的信息才能被公司对外公开并且影响公司股票的价格。另外，在德国的法律中还规定了关于内幕信息的一个重要的规定。德国法律关于内幕信息的定义认为内幕信息应当与一个或者数个发布者有关，这个与发布者有关是指与发布者的内幕票证有关。“内幕票证一词包含了金

[1]［英］理查德·亚历山大：《内幕交易与洗钱——欧盟的法律与实践》，范志明、孙芳龙等译，法律出版社 2011 年版，第 100~101 页。

融工具。它包括证券和衍生性金融商品，还包括某些货币市场工具，这种工具可以成为权利凭证，而不是证券，它们通常在货币市场上交易；还包括募集证券的购买权。证券本身则包括：股票、股票证、债券、奖励股权以及享有特权的证券；具有与股权和债券同等功能的其他证券；以资本投资公司或者国外投资公司提供的投资机会为特征的股票。”〔1〕以上规定说明的问题的目的是要界定与内幕信息具有相关性的证券或者非证券本身的一些衍生性的金融工具。也就是说，内幕信息影响着何种事物的价格变动。这主要说明的是内幕信息相关性的问题，在德国法律中，对于内幕信息具有相关性的界定是非常严谨的，相关性必须解决的问题必然包括与内幕信息具有相关性证券的范围、内幕信息与证券市场价格变动的关系等问题。

在意大利，1998 年 3 月的 58 号立法令第 180 条规定：“内幕信息是指：（1）尚未公开的与金融证券或者其发行者相关具有准确内容的具体信息；（2）如果公开，很可能对该证券的价格产生重要的影响。”〔2〕由此可见，意大利关于内幕信息的界定与德国的规定具有相似之处，即两者都是根据内幕信息公开之前与公开之后两个阶段对内幕信息的概念及特征进行界定的。但二者也存在的不同之处在于意大利关于内幕信息的界定直接将内幕信息具有准确性的特征纳入了内幕信息的特征，而在德国的法律中，内幕信息具有准确性的特征被认为是其理所应当具备的含义，因此，在其定义中并没有明确地提及内幕信息准确性的特征。

---

〔1〕［英］理查德·亚历山大：《内幕交易与洗钱——欧盟的法律与实践》，范志明、孙芳龙等译，法律出版社 2011 年版，第 101 页。

〔2〕［英］理查德·亚历山大：《内幕交易与洗钱——欧盟的法律与实践》，范志明、孙芳龙等译，法律出版社 2011 年版，第 105 页。

总体上来讲，欧盟国家关于内幕信息的界定采取的是定义法，即将符合某一特征的信息在尚未公开之前都列入内幕信息含义的范围之内。而欧盟指令作为一个基本的法律，其影响着欧盟各个成员国的立法。就内幕信息的界定而言，其他欧盟国家的规定基本上都符合欧盟指令的规定，并不存在与欧盟指令相违反的情况存在。就欧盟指令与美国关于内幕信息的判例相比较而言，欧盟指令的规定更加详细，更具有逻辑性。美国判例中认为内幕信息只包括秘密性与实质重要性，只要具备这两个条件就能够认定某一信息是否属于内幕信息。笔者认为，就内幕信息的定义而言，欧盟指令的规定更加具有科学性与合理性，根据内幕交易犯罪所保护的法益而言，其侵犯的是投资者平等的权利，而行为的方式是利用预先性获取的真实的信息进行证券的买卖活动，也就是说信息所涉及的内容必将在未来发生并影响着公司的经营状况从而影响公司股票的市场价格。因此，内幕信息具有客观准确性是必然具有的特征，相比较虚假信息影响公司股票市场价值这种行为方式，内幕信息交易具有其独特的性质，只有预先性获取真实的信息进行证券买卖行为才能认定其为内幕交易犯罪。另外，对于欧盟指令中的相关性性质，笔者认为，其是美国判例中确立的实质的重要性质的一个延伸。理由在于，具有实质重要性的信息，例如，公司并购、重大诉讼或者仲裁导致败诉的可能性及赔偿金额巨大等信息，对于公司而言是影响其经营活动的重要信息，这些信息公开与否必然会导致公司股票的市场价值变化。而具有实质的重要性必然会产生的一个问题就是实质重要性的对象，也就是说，相对于那些主体，这些信息具有实质的重要性，这也是相关性的一个体现。另外，具有实质重要性的信息必然会影响某些上市公司股价的变化，而这种与价值具有相关性的特征也是相关性的一个重要体现。综上所述，在内幕信息的认定标准上，应当认为内幕信息具有重要性、准确性、秘密性这三个特征，只有具备这些特征才能认定某信息是否属于内幕信息，也只有符合内幕信息的特征才能最终认定某行为是否构成内幕交易犯罪。

（三）我国关于“内幕信息”概念及范围的确定

在我国理论界与司法实践中对内幕信息概念及范围也进行过深入的探讨。毕竟，内幕信息认定的合理性关系到内幕交易行为认定的准确性。在学界中对内幕信息的概念界定存在巨大的争议。一些学者认为：“内幕信息是指涉及证券的发行、交易或者其他对证券的价格有重大影响、尚未公开的信息。”〔1〕这种观点认为，内幕信息应当与证券发行、交易及证券价格具有相关性、重大性。另外，内幕信息应当是尚未公开的信息，内幕信息具有秘密性的特征。内幕交易行为是因信息优势存在才因此侵犯刑法所保护的法益，而信息优势源于内幕信息具有秘密性的特征，内幕信息具有秘密性才能说明信息为少数投资者或人员所知，而只有内幕信息具有秘密性这种特征才能说明相比较于一般的投资者而言，某些投资者具有相对的信息优势。只有内幕信息与某公司具有相关性能够影响某上市公司的市场价格时，才能说明内幕信息具有价值相关性，也才能表明信息优势具有一定的价值。而另外一些学者则认为：“所谓内幕信息，主要是指为内幕人员所知悉的，尚未公开的和可能影响证券市场价格的重大信息。”〔2〕这种观点认为，内幕信息是主要为特定的内幕信息知情人员所知悉、对证券市场价格具有重大影响的信息。秘密性被认为是内幕信息具有的最主要的特征，因此，非法获取尚未对外公开的信息才能破坏证券市场的平等性原则。

---

〔1〕 马克昌：《经济犯罪新论》，武汉大学出版社 1999 年版，第 290 页。

〔2〕 李晓勇：《金融犯罪及其防范》，杭州大学出版社 1998 年版，第 195 页。

而内幕信息的重要性则意味着信息只有具有重要性才能影响公司的股票市场价格，公司内部的重要信息直接影响着公司未来的经营状况，这些信息对公司经营状况的影响会直接影响公司投资者的投资决策。还有一些学者认为："在我国，内幕信息是为内幕知情人员所知的，尚未公开的并对证券的发行、交易或者价格具有重大影响的信息。"[1]我国学界内对于内幕信息的界定大多数是从内幕信息的外部特征或者说是从内幕信息的认定标准的角度上来讲的。但是，内幕信息的认定标准应当是一个独立研究的问题，其是具体认定内幕信息的独立问题，不应当将内幕信息的概念问题与认定标准问题混为一谈。笔者认为，对于内幕信息的定义应当结合内幕交易犯罪所保护的法益进行界定。内幕交易犯罪的法益是为了维护正常的证券市场秩序与投资者的平等交易的权利。从这一点上来讲，内幕信息应当是为内幕交易犯罪主体所知悉的，能够破坏信息获取的平等性，并且一旦信息对外公开会严重影响证券市场的股票价格及投资者决策的信息。内幕交易犯罪主体所知悉是指信息应当为特定人员所知悉但并非所有投资者所知悉，之所以将这部分纳入内幕信息的定义是因为这能体现出内幕交易过程中的信息优势。而内幕信息是破坏信息获取的平等性是从内幕交易犯罪所保护的法益的角度来讲的，证券交易属于典型的民事行为，交易的过程中注重交易过程的平等性。因此，内幕信息是一种能够破坏证券交易平等性的信息。

从我国的立法现状上来讲，我国《证券法》也对内幕信息的范围作出了明确的规定。《证券法》第75条第1款规定："证券交易活动中，涉及公司的经营、财务或者对该公司证券的市

[1] 宣炳昭：《刑法各罪的法理与实用》，中国政法大学出版社1999年版，第106页。

场价格有重大影响的尚未公开的信息，为内幕信息。”[1]从我国目前的立法现状而言，其对内幕信息的界定与美国的立法采取的是同一个标准，即认定内幕信息的标准采取秘密性与实质影响性的双重标准进行界定。从《证券法》的规定来讲，其对内幕信息的界定存在一定的独特之处，在定义的过程中并没有强调从内幕信息的特征上对其进行界定。从内幕信息所涉及的内容上来讲，内幕信息应当是关于公司经营、财务或者对其市场价格有重大影响的信息才能成为内幕信息。并且这种信息必须具有重要性，才能严重影响公司股票的市场价格。在《证券法》第75条第2款中，对内幕信息的具体范围作出了明确的规定："下列信息皆属内幕信息：（一）本法第六十七条第二款所列重大事件；（二）公司分配股利或者增资的计划；（三）公司股权结构的重大变化；（四）公司债务担保的重大变更；（五）公司营业用主要资产的抵押、出售或者报废一次超过该资产的百分之三十；（六）公司的董事、监事、高级管理人员的行为可能依法承担重大损害赔偿责任；（七）上市公司收购的有关方案；（八）国务院证券监督管理机构认定的对证券交易价格有显著影响的其他重要信息。”[2]此项条款对内幕信息的具体范围作出了明确的界定，列举范围内的事项都是公司经营中较为重要的信息，这些信息是否对外公开将直接影响着公司股票的市场价格，也同时影响着投资者的投资决策。例如，“公司营业用主要资产的抵押、出售或者报废一次超过该资产的30%”，表明如果公司将主要资产对外抵押、出售或者报废超过该资产的30%说明该公司主要的经营性资产具有较大的不确定性，对于公司未来的持续经营能力会产生重大的影响。另外，如果公司将其主要的

〔1〕 参见我国《证券法》第75条。

〔2〕 参见我国《证券法》第75条。

生产用经营资产用于抵押或者出售很可能说明公司的现金流方面出现了重大的问题，这种信息一旦对外公开将使一般投资者对于公司经营失去信心，从而会将自己持有的该上市公司的对外转让出现问题，这将使公司的股票价格持续处于低迷的状态，公司股票的市场价格也会处于低位。但是，在该信息尚未对外公开之前，此信息仅仅为少数内幕信息知情人员所知悉，而大多数证券投资者对于此信息尚不知悉。因此，对于内幕信息知情人员来讲，其可以根据已经知悉的内幕信息预先性地将其持有的该公司的股票对外转让，而当该公司股票处于价格低位之时，内幕信息知情人员持有的信息已经对外转让。此时，内幕信息知情人员因其持有的内幕信息避免了其经济上的损失。而一般投资者对此信息并不知悉，因此，其并未对公司股票价格下跌做出任何的补救措施。综上所述，内幕信息知情人员因知悉此信息避免了其未来因股票价格下降产生的损失，避免未来将遭受的损失属于现时中获得了收益。因此，如果内幕信息知情人员利用内幕信息进行证券买卖行为并因此而避免了损失的，则也可以认为该信息获取了收益，而此证券交易行为可以认定为内幕交易行为。从我国《证券法》上对于内幕信息的具体规定来讲，内幕信息可以是利好的信息，也可以是关于公司经营不利的信息，既可以是能够给该内幕信息知情人员带来利益的信息，也可以是给内幕信息知情人员避免损失的行为。这些信息的另外一个重要的相同点就是其对于公司股票的市场价格都会产生重要的影响。在信息对外公开之前，公司股票的市场价格通常处于平稳的状态，而当公司内部经营重要信息对外公开之后，公司股票的市场价格通常大幅度地上升或者下降，这种外部特征说明该信息对公司来讲是重要的。

从我国理论界以及立法状况来讲，我国关于内幕信息概念及范围的界定具有一定的科学性与合理性。但是，这些学说及法律规定也尚存在较大的缺陷。例如，我国《证券法》中将国务院证券监管机构认定的对证券市场价格的产生重要影响的信息也列入了内幕信息的范围。刑法是规制犯罪与刑罚的法律，判处行为人承担刑事责任意味着行为人将承担最重的法律责任，也只有当其他法律无法规制某行为时才动用刑法对其进行规制。刑法的最后性与刑罚的严厉性两个特性决定了对于行为是否应当承担刑事责任要依据刑法的明文规定，在刑法领域中对于明文规定具有最为重要的原则就是罪刑法定原则，罪刑法定原则要求刑法的规定具有相对的明确性，而《证券法》中的这款规定显然不具有相对的明确性。另外，罪刑法定原则中的“法”应当被理解为由具有立法权限的机关依照立法的程序制定的法律，在我国，具有立法权限的机关应当是全国人民代表大会及其常务委员会。根据我国《宪法》及《立法法》的规定关于犯罪与刑罚的规定只能由法律进行明确的规定，不能由法律以外的规范性文件予以规定。对于这个规定的理解，笔者认为，关于犯罪与刑罚的主要应当由《刑法》进行规定，而对于一些具体问题的规定可以参照《刑法》以外其他相关的法律明确。例如，对于内幕交易犯罪主体范围应当参照《证券法》的规定。这一现象的存在可以说明对于具体问题的规定，援引国家权力机关及立法机关制定相关法律的目的是使《刑法》中的具体规定更加具有明确性，因此，将刑法分则中各个犯罪构成要件的具体的、明确的规定委托给除了《刑法》以外的其他法律进行。这种授权委托是法定的、明确的并且是无法进行进一步委托的。而《证券法》中“国务院证券监督管理机构认定的对证券市场价格产生重要影响信息列入内幕信息”的规定是违反罪刑法定原则的，这种规定相当于将对认定内幕交易犯罪的构成要件中

“内幕信息”的认定进行了再一次的授权委托。也就说国家立法机关对于“内幕信息”的认定首先授权给了《证券法》规定，而《证券法》又将内幕信息的具体规定委托给了国务院证券监管机构，这种做法显然是不合理的，违反了国家《宪法》以及《立法法》的规定。另外，《证券法》中对于内幕信息的界定主要是对内幕交易违法行为的界定，其并不主要针对内幕交易犯罪行为的认定。从这个角度上来讲，将《证券法》中关于“内幕信息”的规定全部作为内幕交易犯罪认定依据的做法是缺乏合理性的。对此，笔者认为，在刑法领域里，使刑法规定的犯罪构成要件要素的具体规定具备绝对的明确性是不可能的，但是，使其具有相对的明确性并使之符合《宪法》及《立法法》的规定是完全可能的。上市公司的信息具有复杂性、多样性的特征，通过对重要的、尚未公开信息的内容进行列举具有相当大的难度。也就是说，通过列举的方式而不利用具有相对概括性的认定标准对内幕信息的范围进行规定是不可能的。因此，对于这个问题的解决应当通过建立内幕信息认定标准的科学性与合理性，即包括列举的内幕信息的具体范围，对于内幕信息的认定应当建立一套科学的、合理的认定标准，只要符合特定的认定上的条件，就可以认定某信息是否属于内幕信息。这种认定标准应当是罪刑法定原则中的“法”的规定，而不是其他主体接受再委托而进行的规定。对于内幕信息认定标准的内容，将在下一节进行详细的探讨，此处不再进行赘述。

综上所述，对于内幕信息的定义与范围的界定，美国、欧盟国家与我国的规定存在较大的差异。美国法律及判例中对于内幕信息规定并没有采取具体列举的形式，其对内幕信息的认定标准进行高度的概括，通过先前的判例所确定内幕信息认定标准来确定内幕信息。欧盟国家也没有采取列举的方式对内幕信息进行明确的规定，其大多数国家也是采取建立一套科学的、合理的内幕信息认定标准来认定具体的信息是否属于内幕信息。在我国刑法领域中，对内幕信息的规定则采取列举的方式，另外，在列举具体的条款之外，还设置一个兜底条款将除了列举的范围之外、符合一定条件的信息也列入内幕信息的范围之内。相比较而言，笔者认为，应当结合美国、欧盟及我国规定的优点，即采取列举的方式将属于内幕信息明确地列举出来有利于保持法律规定的相对明确性。但是，我国设置的内幕信息认定的兜底条款并不合理，因此，为了合理确定内幕信息的范围应当建立一套科学的内幕信息认定标准，来弥补列举式界定范围之不足之处。也就是说，列举式界定的范围可能小于内幕信息应当存在的范围，仅仅通过单纯的列举式并不足以穷尽内幕信息的范围，应建立一套科学的认定标准可以弥补这样的缺陷，除了列举的内幕信息范围之外，符合一定标准的信息也应当列入内幕信息的范围，而这套内幕信息认定标准应当符合内幕交易犯罪所保护之法益。根据内幕交易犯罪所保护之法益，某一信息应当是符合秘密性、重要性、相关性、准确性的特征才能认定为内幕信息的。因此，在内幕信息的定义及界定范围上，应当以将列举式的方式与建立一套科学、合理的认定标准相结合的方式进行。

内幕信息的定义及范围的界定是内幕交易犯罪认定的一个必要的条件，内幕信息认定的合理性也是内幕交易犯罪认定合理性的基础。没有内幕信息认定的合理性就谈不到内幕信息犯罪认定的合理性。因此，对于内幕信息的概念及范围界定问题应当认为是内幕交易罪认定的一个关键的问题，对于内幕信息的认定应当建立一套科学的认定标准。另外，对于内幕信息在刑法领域中的认定应当区别于内幕交易违法行为领域中对于内幕信息的认定，不能将一个问题在两个领域中作出相同的认知。同样都是关于内幕信息认定的问题，但在刑法领域与行政法领域中应当作出合理的差异性认定标准。刑法与行政法具有法律性质上的差异，刑事责任使犯罪人承担的痛苦要远远大于一般行政违法人员所承担的行政责任，因此，简单地将行政法上的规定直接用于犯罪构成要件的规定会不当地侵犯犯罪嫌疑人、被告人的权利。因此，在认定内幕信息之时，要注重保障被告人权利与刑罚惩罚力度的合理结合，不能只注重被告人的权利而降低刑罚打击之范围、刑罚打击之力度；也不能只为加强刑罚打击力度、范围而忽视对被告人权利之保护。

第二节　内幕信息特征

对于内幕信息进行研究的另一个重要的问题就是内幕信息特征确定的问题，相比较第一个问题，笔者认为，此问题是纯粹地从行为客体的角度对内幕信息进行的阐述。内幕信息特征的确定的标准既是一个理论上值得研究的问题，也是司法实践中需要明确的问题。我国理论界对于内幕信息应当具备何种特征存在较大的争议。一些学者认为，内幕信息应当具有两个特征，即内幕信息的秘密性及重要性标准。而持有三特征观点的学者认为，除了秘密性与重要性以外，内幕信息还应当具有相关性，即内幕信息应当与特定的上市公司的经营具有相关性。还有一些学者主张，内幕信息具有四个特征，即尚未公开、真实性、相关性及与股价波动性。所谓股价的波动性即内幕信息具有影响证券、期货市场价格的特征。对于内幕信息应当具备何种特征是亟需澄清的一个问题，内幕信息认定标准的科学性、合理性是认定证券内幕交易犯罪的一个关键问题。科学的认定标准将准确地确定内幕交易犯罪的合理认定。另外，科学、合理的内幕信息认定标准是影响内幕信息相关的立法、司法解释的关键问题，整体原则的合理确立才能正确地确立其他具体的问题。例如，秘密性的特征将影响着关于内幕信息敏感期相关立法的确立。因此，内幕信息的特征是内幕交易犯罪行为客体研究的关键问题，合理地确定内幕信息认定标准势在必行。

内幕交易罪是一种严重侵犯社会法益的行为，行为人利用信息优势进行交易侵犯了证券市场的平等交易原则。而内幕信息更是内幕交易犯罪认定过程中的一个关键问题，判断行为人的行为是否属于证券内幕交易行为的基础就是其利用内幕信息进行了证券交易行为，利用内幕信息进行内幕交易是认定行为构成内幕交易犯罪的必要条件。因此，如何给内幕信息建立一个科学的认定标准就显得尤为重要。在金融市场信息化的背景之下，信息的披露与传递是验证一个国家证券市场有效性的重要标准。在我国，对内幕信息认定的标准尚存在较大的缺陷，其中包括某些认定标准的缺失、一些认定标准缺乏合理性等问题。本节通过对我国与域外内幕信息认定标准的比较研究，试图提出完善内幕信息认定标准的途径。所谓内幕信息认定的标准也就是内幕信息的特征，当某一信息符合内幕信息所要求的特征之时，才能认定该信息属于内幕信息。否则，不能认定其为内幕信息，也不能认定行为人的行为构成证券内幕交易犯罪。目前，关于内幕信息的认定标准，世界各国都有着不同的认定。在我国学术界对于内幕信息应当具有怎样的特征也存在较大的争议。关于内幕信息认定标准的争议不仅仅在理论上产生重大的影响，其在司法实践中也会产生重大的影响。就我国目前法治建设的状况而言，整体上还是存在滞后的状况，集中体现在法律工作者素质还偏低、公民法律意识尚处于较低水平，甚至连一些法律工作者对于金融犯罪、金融犯罪的社会危害性也只是初步的了解，在司法实践中，对于金融犯罪的认定更是缺乏整体上的把握，其工作只是将犯罪构成要件整体进行拆分，符合每个独立的构成要件就认定行为符合金融犯罪的构成条件。而在认定每一个独立的构成要件要素之时，由于其缺乏整体上的认知，缺乏对金融犯罪法益的理解，对于个别构成要件要素的认定也存在较大的问题。因此，建立一套科学的、合理的内幕信息认定标准势在必行。

一、美国关于内幕信息特征的认定

如前所述，美国是一个判例法国家，关于内幕信息的法律规定大多数以判例的形式出现。“美国联邦证券立法及证券交易委员会规则中都没有对内幕信息进行明确的定义。内幕信息的定义是从判例法中发展起来的。内幕信息是指任何可能对某一上市公司的证券价格产生实质影响的、尚未公开的信息。它具有两个显著的特征：一是重要性，即信息对投资者非常重要，在信息公开之后会使股票价格产生波动；二是秘密性，即信息持有人所知悉的信息尚未被其他人所知悉。”[1]从美国判例中所确立的规则来看，其认为内幕信息的认定标准应当包括秘密性与重要性，只有同时具备重要性与秘密性两个特征才能认为某一信息属于内幕信息。

（一）重要性

所谓重要性，又称实质重要性，是指内幕信息所涉及的内容是关于公司内部经营上的重要信息，一旦该信息对外公开以后势必会造成公司股票的市场价格造成重大的影响。“根据有效

〔1〕 雷丽清:《中美内幕交易罪比较研究》，中国检察出版社 2014 年版，第 74 页。

资本市场理论的观点，在一个有效的资本市场中，价格充分地反映了与上市公司有关的市场上的可获取信息。”[1]信息与公司股票的价格具有一致性，重要的信息对于股票的价格将产生重要的影响。而相比较一般的信息而言，具有重大性的公司信息将对股票价格影响的幅度要远远大于一般公司的信息。内幕信息具有重要性的性质在一定程度与内幕信息相关性具有一定的联系。笔者认为，内幕信息的相关性应当从两个角度进行认识：首先，相关性是指内幕信息所涉及的内容与某特定的公司或者某些特定的上市公司具有相关性，这些信息与公司经营具有相关性。其次，内幕信息的相关性又是指内幕信息所涉及的内容与公司股票的市场价格具有相关性。而与股票价格具有相关性应当进行定性与定量的研究。所谓定性研究就是从内容上研究该信息是否属于公司日常经营中的重要信息，这是根据信息的性质上对内幕信息进行的研究。例如，公司并购的信息，即某公司将并购其他公司的行为，从性质上来讲，并购信息一定是关于公司经营的重要信息。所谓从定量的方式研究，即从信息公布之前与信息公开之后公司股票价格的变动幅度。如果变动幅度不大，属于公司股票变动正常范围，则该信息不属于公司的重要信息，也不属于内幕信息的范围。在内幕信息对外公开之前，上市公司的股票存在一个稳定的价值；而当内幕信息对外公开之后，公司股票的价格会发生重大的变化。这种变化存在一定的变动比例，当变动的比例存在较大范围之时，就可以说明该信息对于该公司而言是重要的。因此，笔者认为，重要性可以分为与性质相关的重要性和与价格相关的重要性两种。与性质相关的重要性是指根据信息所涉及的内容的性质可知，

[1] Eugene F. Fama, “Efficient Capital Markets: A Review of Theory and Empirial Work”, *Journal of Finance*, 383, 384 (1970).

该信息对于上市公司是重要的，这种具有重要性的性质是依据该信息本身的性质进行界定的。例如，公司的并购事项、公司对外重大担保。而与价格相关的重要性是指，内幕信息所涉及的内容与市场价值的重大变动性相关。这类具有重大性的信息是根据对公司股票价格的影响才能说明该信息对于公司是重要的。也就是说，根据信息自身的性质、内容并不足以说明该信息对上市公司是重要的。但是，当信息对外公开之后，公司股票的价格会发生重大的变化。因此，根据这种价格变动幅度的重要性可以说明该信息应当属于内幕信息的内容。例如，公司内部人事政策的变更、公司经营决策的变化。将内幕信息的重要性信息分为与性质相关的重要性信息和与价格相关的重要性信息更加有利于对内幕信息重大性特征的理解，也可以说明重要性与相关性具有一致性，重要性的内容在一定程度上表现出相关性体现的与价格具有相关性的特征。例如，甲公司存在重要的人事政策变化的信息，该人事政策的变化涉及的内容是公司财务人员的变化，新上任的财务主管是该公司董事长的妻子。这项人事政策的变化从性质上来讲，并不能判断出该信息是否属于该公司具有重要性的信息。但是，此项人事政策变化由该公司董事长的妻子担任该公司的财务主管的这种变化影响公司的内部控制，将导致公司内部管理上存在混乱。当该信息对外公开之后，熟知公司内部人员的公司投资者很可能将会卖出自己持有的本公司的股份，这将使公司的股票价格发生重大的变化。而此信息是否能够认定为内幕信息则应当关注该信息公布前后公司股票价格的变化幅度，如果该信息公开之后，公司股票价格发生了重大的变化，则可以说明该信息具有重大性的性质；反之，则不能认为该信息具有重要性的性质。在美国的司法实践中，判断信息是否具有重要性的一个判断标准是信息是否公开能否改变公司证券投资者的投资决策。如果信息对外公开之后会改变公司投资者的投资决策，则认为该信息对于该公司而言是重要的。所谓改变投资者的投资决策是指信息对外公开之后，公司投资者会改变其对公司股票的喜好。例如，原本公司投资者想要长期持有某上市公司的股票。但是，由于某信息对外公开改变了其长期持有股票的意图，公司投资者决定抛售持有股票的比例，此种行为就可以证明信息对外公开后改变了公司投资者的投资决策。然而，如果某信息对外公开之后，不会改变公司投资者的投资决策，那么，该信息对于公司日常经营、投资者而言就不具有重要性。综上所述，在美国的司法实践中，信息能否影响公司的投资决策是判断某信息是否具有重要性的一个重要的判断标准。美国判例所确立的第二个重要性的认定标准认为："美国联邦最高法院认为美国第七巡回上诉法院提出的判断标准过低。美国联邦最高法院提出判断重要性的标准应为：'在理性的股东判断是否投票时将认为是重要的所谓实质盖然性存在时，该被省略的事实是重要的。也就是说，如果一个理性的股东有相当大的可能认为一项遗漏的事实，对于其作出如何投票的决定是重要的，则该遗漏的事实是重要的。'"〔1〕此种观点提出了实质的盖然性的标准，对于一个理性的投资者而言，其认为该信息具有实质的重要性，该信息的遗漏会改变投资者的投资意图或行动，则会认为该信息具有重要性的特征。"关于内幕信息的实质盖然性判断方式在美国判例中得以确立，就具体的判断方法来看，美国证券法主要考虑以下三个要素：一是理性投资者标准，即一般化、抽象化的主体标准，借此否定个别投资者或者专业分析师的个别化反应；二

〔1〕［美］路易斯·罗思、［美］乔尔·赛里格曼：《美国证券监管法基础》，张路译，法律出版社2008年版，第422页。

是情报的总体变更，对部分事实的变更影响被排除在外；三是投资者的不同决定，一般要求相关事实被披露后，有相当大的可能导致投资者的投资决定发生改变，即所谓的‘实质影响’发生。由此可以看出，美国证券诸法中对内幕信息实质性的界定采用较严格的标准，以一般化、总体化、盖然化的方式将其限定在对证券市场发生‘实质影响’的范围内，以避免打击范围的过于宽广。”[1]这种观点主要是以一般理性的投资者的观点为基础，而不去关注个别化的观点。另外，信息的出现或者信息内容改变之前的事实，对于一般投资者而言是否能够改变其投资决策。如果对于一般理性的投资者，一个信息的变动或者之前信息发生重大的改变，从而改变了证券投资者的投资决策或者投资活动的，则应当认为此信息具备重大性的特征。

（二）秘密性

在美国的法律及相关判例中所确立的关于内幕信息的另外一个重要的特征就是秘密性的特征。所谓秘密性的特征，是相对于有效的、公开的、为一般投资者所知悉的信息而言的。所有的公司信息按照是否公开的标准都可以界定为已经公开的信息和尚未公开的信息。秘密性的特征就是指关于公司的经营性信息但尚未对外所公开时所具有的特征。内幕信息的秘密性特征应当被界定为内幕信息最为基本的特征，根据内幕交易犯罪所保护的法益，设置内幕信息交易罪所保护的法益是投资者的平等交易权和证券市场的正常市场秩序。内幕信息的秘密性指公司的重要信息尚未对外公开，不为一般投资者所知悉。因为信息并没有在证券市场中得到有效的传递，所以，对整个证券市场的所有投资者来讲会存在信息掌握上的不对称。内幕信息

---

〔1〕 张小宁：《证券内幕交易罪研究》，中国人民公安大学出版社 2011 年版，第 165 页。

知情人员相比较一般投资者而言具有相对的信息优势，其可以提前获取关于公司经营的重大利好或者不利的信息，从而预先做出更为正确、合理的投资决策。因此，内幕信息的秘密性标准是产生投资者信息持有不对称的重要原因。

对于信息具有秘密性，主要认定两个重要的时点，即信息产生时与信息对外公开之时。信息在尚未对外公开或对外公开之后，证券的市场价格会发生较大的影响。信息对外公开的时点的认定是认定内幕信息秘密性的关键问题。信息对外公开之前，如果行为人知悉了此信息并利用该信息进行证券交易活动，则意味着在证券投资市场中，存在两类投资者，一类是具有信息优势的投资者；另一类是一般的证券投资者。一个市场中存在地位不同的投资者，这种情况就说明了证券市场处于畸形的状态。根据有效市场理论，证券市场如果完全有效时，则公司重要的信息将会等质、等量、均匀地传递给每一个证券投资者，这是一种理想的状态。在现实证券市场中，如何能够在信息公开之后迅速地使信息为所有投资者所知悉是一个关键的问题。也就是说，内幕信息对外公开的时间点应当如何确定的问题。按照理论界对于这个问题的界定，内幕信息对外公开的时点的确定分为形式的公开性标准和实质的公开性标准。形式的公开性标准认为信息披露只要履行必要的程序之后就认为已经对外公开，而不去关注该信息是否已经为一般投资者所消化。形式的公开性标准采取的形式包括在全国性的新闻媒介、报纸、期刊上公开此信息和通过新闻发布会的形式对外公开此信息。而实质的公开性标准则认为信息对外公开不仅仅要在指定的新闻媒介对外公开，还要确保证券市场中的投资者知悉此信息并消化此信息。这是一种更高要求的标准，履行形式上的程序不足以使证券投资者知悉此信息，要设置一些方法让证券投资者知悉重要的信息。美国采取的信息公开性的标准就是实质性的公开标准。其认为只有信息为证券市场中的所有投资者所知悉才能认为该信息已经对外公开，但是，对于信息公布之后需多长时间才能认为该信息为一般投资者所消化，美国的法律及相关的判例至今还没有作出明确的规定，而对于时间的确定则属于法官自由裁量权的范围之内。另外，在美国司法实践中，信息公开的时间是作为认定信息是否被证券市场所消化的一个重要的认定基础，但并非唯一的标准，信息实质性公开性的标准不仅仅要考虑信息对外公开的时间，还要考虑信息对外公开的方式、证券市场的有效性程度、投资者合理的反映时间、信息的重要性等问题。美国以往的内幕信息披露方式还存在一项选择性披露制度。所谓选择性披露制度是指上市公司在向证券市场上的投资者披露重大的信息之前，会预先性地选择一些特殊的群体并向其进行定向的披露。例如，证券经纪商、投资分析师、投资顾问等。选择性披露具有特定的目的，其并不是鼓励这些人员进行证券交易，而是通过提前向其披露而让这些人做出更加专业的分析报告。当选择性披露的信息接收者不当地利用知悉的内幕信息进行证券买卖行为时，则应当承担相应的法律责任。

在美国的证券相关法律及相关的判例中所确立的重大性和秘密性标准是在美国司法实践中所确立的判断内幕信息的重要的标准，只有某一信息同时符合秘密性和重要性的标准，才能认定该信息属于内幕信息。然而在美国证券交易委员会制定的相关性文件以及法院的判例中，并没有明确地列举内幕信息的范围，也没有采取明确内幕信息的范围，而是采取判例法国家司法过程的一贯做法，确立内幕信息的认定标准，通过这些认定标准来判断个案中某信息是否属于内幕信息。同时，在具体认定其是否符合重要性或者是否具有秘密性的特征时还确立了一些认定标准。例如，在认定某信息是否具有重要性的特征之时，主要以该信息是否能够改变证券市场中投资者的投资决策来认定。作为证券立法、司法最为先进的国家，美国对内幕信息进行判断所采取的方法具有一定的科学性与合理性。但是，在内幕信息的认定标准中尚存在一些不合理的地方。例如，对于内幕信息具有信息秘密性特征的认定以及信息对外公开问题的判断过程中，虽然其采取的是实质性的对外公开标准，但是，对于多长时间或者何种时间的区间可以视为其已经为证券市场中的投资者所消化并没有进行明确的规定，也没有确立一套科学性的原则来进行判断，这就给法官更多的自由裁量权。也就是说认定或者判决是否合理完全取决于法官个人的素质。在刑法领域中，对内幕信息的认定直接关系到内幕交易罪的认定，由法官对内幕信息的关键问题进行自由的认定违反罪刑法定原则。因此，在美国的相关立法及相关的判例中应当将实质性的公开标准进行明确的规定，在原来立法及判例的基础上，完善其法律规定及判例，以此限制法官自由裁量权的行使。

二、欧盟国家关于内幕信息特征的规定

如前所述，可以判断出内幕信息应当具有秘密性、准确性、相关性及重大性的特征。与美国相关法律及判例的规定相比，欧盟指令关于内幕信息认定标准的规定更加详细，其增加了准确性及相关性的特征，认为准确性与相关性应当是认定内幕信息时的重要认定标准。欧盟指令对于欧盟成员国各国的规定具有一定的指导性，即各个成员国不得违反欧盟指令的规定。《丹麦统一法案》第34（2）条规定：“与指令的规定非常一致，将内幕信息定义为未公开的关于证券发行者、证券本身或市场信息，

一旦公布于众，可能对一种或多种证券价格产生影响的。”[1]所谓的公开，在丹麦的法律中作出这样的规定，即公司的信息被公开是指该信息在市场上已经作出了“相关性的或一般性的表述”。而在丹麦相关的法律中对于“公开”的含义做出了这样的解释，即信息递交给证券交易所将被视为第一次公开传播。在信息对外公开时点的确定上，丹麦采取的是形式上的公开性标准。某信息只要传递给证券交易所就意味着该信息已经对外公开。在德国的法律中，对于内幕信息对外公开也采取了形式的公开性标准。其认为某信息对外公开的时点是指信息在新闻媒体上公布就视为信息对外公开，而不去关注该信息是否为证券市场投资者所知悉。从以上两个欧盟成员国关于内幕信息公开性标准的规定可以看出，该两国关于内幕信息的相关规定必然要符合欧盟指令的指导，不能与其规定存在冲突。因此，欧盟指令中对内幕信息的公开性标准采取的是形式的公开性标准，其所规定的内幕信息的第二个特征就是准确性特征。所谓准确性是指，从信息所涉及的内容来讲，信息是准确的、客观存在的事实。内幕信息准确性的特征是与虚假信息相对应的一个概念，信息是否具有准确性影响着行为的定性，而内幕交易行为是利用真实信息进行证券买卖从而获取收益的行为。因此，准确性、客观真实性应当被界定为是内幕信息的一个重要特征。利用虚假的信息进行证券买卖并获益的行为与利用内幕信息进行证券买卖行为均属于证券欺诈行为。但是，二者行为方式上存在较大的差异。利用虚假的信息主要是通过传播虚假的信息并进行扩散，但信息的内容在未来不会真实发生，其通过伪造的事实来影响投资者的投资决策，从而影响某个或者某些上市

---

〔1〕［英］理查德·亚历山大：《内幕交易与洗钱——欧盟的法律与实践》，范志明、孙芳龙等译，法律出版社2011年版，第93页。

公司股票的价格而从中获益。内幕交易则是通过预先性地获取某个或者某些上市公司未来将要发生的事件，并提前改变其投资决策，利用证券市场价格发生的真实变化从而获取收益的行为。欧盟指令中关于内幕信息的第三个特征就是信息的相关性，所谓相关性，是指内幕信息所涉及的内容与该公司的经营状况直接相关并且直接影响着公司的股票价格。内幕信息的相关性是有效市场理论的一个重要体现，有效市场理论认为公司股票的价格将与公司的各方面经营信息具有较大的相关性。公司股票的价格变化与特定的信息具有相关性，不具有相关性的信息将不会对上市公司股票价格产生影响。另外，相关性又可被称为与特定公司具有相关性的信息。例如，甲、乙都是在国内上市的公司，甲公司将要并购其在国内市场中最大的竞争对手丙公司。甲公司与丙公司属于同一行业的两个公司，但乙公司与甲、丙公司并没有处于同一行业。因此，此并购信息仅仅与甲、丙公司具有相关性，与乙公司并没有相关性。另外，对于相关性的特征还应当注意的一个问题就是这些信息必须是与特定公司具有紧密联系的信息而不是与整个行业具有普遍联系的信息。例如，由于钢铁价格的上涨，导致房地产公司生产运营成本的增加，许多房地产公司的股票价格也因此会发生重大的变化。但是，这个信息不应当列入内幕信息的行列，理由在于，这条信息是影响所有房地产公司的信息，影响的是整个行业的信息，而不是与特定公司具有密切相关性的信息。因此，如果行为人获取了钢铁企业钢材价格上涨的信息，而此信息尚未对外公开而进行证券交易行为的，对于这个行为的定性应当区分不同的情况：如果行为人利用某钢材公司的内幕信息而购买或卖出该钢材公司上市交易的股票的，则应当认定其为内幕交易行为；如果行为人利用钢材公司的尚未公开的信息而购买了或者卖出了房地产公司的股票的，则不应当将其定性为证券内幕交易行为。所谓内幕信息的相关性要求判断信息是否属于内幕信息，应当关注的是对其是否与特定的公司具有相关性，如果某信息虽然属于影响公司股票市场价格的行为，但是，其与特定某个或者某些公司并没有相关性的，则不能认定该信息为内幕信息。欧盟指令中关于内幕信息界定的第四个认定标准是重要性的标准。所谓重要性的标准，是指在信息对外公开之前该信息对于公司经营来讲是重要的信息、具有重要的性质，而当该信息对外公开之后该信息会严重地影响公司股票的市场交易价格。而关于何为严重影响公司股票价格，在欧盟指令中并没有明确规定，因此在内幕信息公开前后，股票价格的变动幅度为多少才能称为严重影响股票市场价格的变动，尚未可知。而在成员国中只有瑞典的法律明确规定，在某信息对外公开前与公开之后，公司股票市场价格变动幅度达到10%才能够认为该信息具有重要性的信息。

以上内幕信息的认定标准就是欧盟指令及相关欧盟成员国的规定，其相比较于美国的立法增加了两个重要的认定标准。笔者认为，增加内幕信息两个重要的认定标准，即准确性与相关性，使这种认定标准更加具有合理性与科学性。准确性的标准是相对于虚假信息而言的，如前所述，使用准确性的信息与使用虚假的信息在定性上存在严重的差异，而内幕交易犯罪行为则是利用已经发生的、尚未对外公开的、具有客观真实性的信息。因此，可以说内幕信息的认定标准中应当包括准确性的信息。而相关性的信息也应当是认定内幕信息的一个重要的认定标准。某些信息即使具备秘密性、准确性与重要性的特征但未必是内幕信息，例如，一个影响某个行业的信息，如前所述的钢铁行业与房地产行业之间的联动性信息，即钢铁行业生产成本变大也会影响房地产行业的生产运营成本，通过某些数据表明钢铁行业中将要发生一些不利影响并将影响其生产成本。这个信息对于房地产及上市房地产公司的证券投资者而言属于尚未公开的信息，并且生产成本发生重大的变化属于某上市公司的重要信息。此外，这个信息也具有准确性的信息。但是，笔者认为，此项信息对于房地产公司而言并非是内幕信息，理由在于：此信息并不与特定某个或者某些上市房地产公司相关，而是一个与房地产行业与钢铁行业均有密切关系的信息，其并不属于内幕信息。从以上论述可知，准确性与相关性均应当被认为是内幕信息所具有的重要特征，如果一个信息不具有准确性与相关性的特性则不应当认定该信息为内幕信息。而在美国的相关法律及相关的判例中认为内幕信息具有重要性的信息，也可以认为该信息与该公司具有重要的相关性，可见，所谓相关性只是重要性的一个子原则。然而，正如前所述，具有重要性的特征的信息未必就一定是具有相关性的特征。因此，从总体上来讲，欧盟指令及欧盟国家相关法律对内幕信息认定标准的规定具有相对科学性与合理性。

三、我国关于内幕信息特征的学理争议与司法认定

关于内幕信息认定标准研究，在我国学理上与司法实践中也存在较大的争议。在学理上，学者们关于内幕信息应当具有何种特征存在不同的观点。而学理上的争议也反映到具体的司法实践之中，在司法认定中，内幕信息应当具有何种特征同样存在巨大的争议。另外，在个别认定标准的司法认定过程也存在较大的缺陷。

（一）内幕信息特征的学理上争议

我国学界对于内幕信息存在何种认定标准尚存在较大的争

议，不同的学者对于内幕信息应当存在何种认定标准观点不同，主要存在两特征说、三特征说和四特征说三种主要的观点。持有两特征说观点的学者认为内幕信息应当具有以下两个构成要件：“一是消息持有人所知悉的信息，尚未被市场上其他投资者获悉；二是这项信息本身相当重要，足以使得相关公司的股票价格在信息公开之后，受到该信息的影响而产生波动。”〔1〕这种观点认为内幕信息具有两种特征，与美国证券相关法律与判例的观点具有一致性，即重要性与秘密性是内幕信息的主要特征。内幕信息必然是公司内部尚未对外公开的信息，依据我国《公司法》的规定上市公司有义务将公司内部的、涉及公司经营的重要性信息对外披露，而尚未对外披露的信息不能将其作为获利的基础。内幕信息具有一定的经济价值，其在公开之前尚未为一般投资者所知悉，使得内幕信息知情人员能够获得短暂时间上的信息优势。而当信息对外公开之后，该信息的重要性程度将影响公司股票的交易价格。根据内幕交易犯罪所保护的法益而言，秘密性与重要性确实属于内幕信息的主要特征。持有两特征说的另外一些学者认为，只有在信息没有被所有投资者所知悉的情况下，利用内幕信息能够给自己带来经济上的巨大收益的，该信息才属于内幕信息。该种观点实质上与第一种观点具有相似性。其也认为内幕信息应当具有秘密性和重要性的信息。与上一种观点不同的是此种观点建立在内幕交易犯罪所保护法益的角度来看待内幕信息的。秘密性导致投资者之间存在信息的优劣势之分，一些投资者掌握内幕信息，而另外一些投资者则没有掌握内幕信息。而重要性则更加直接体现出这种信息优势能够带给内幕信息持有者的经济利益。由此可以看出，

〔1〕 顾肖荣主编：《证券犯罪与证券违规违法》，中国检察出版社 1998 年版，第 79 页。

从不同的角度可以对内幕信息进行不尽相同的表述，但其主要表达之含义具有相似性。因此，笔者认为，正如在之前探讨内幕信息的定义阶段中谈到的一些内容，对于内幕信息进行定义应当从内幕信息所保护之法益角度进行探讨，而当对内幕信息的认定标准问题进行探讨时则应当从内幕信息的特征方面入手。因此，对于持有两特征说的这两种观点，第一种说法较为符合内幕信息认定标准所要探讨的内容。

持有内幕信息三特征说的学者则认为："内幕信息具有三个基本要素：一是应为内幕人员所知悉；二是未公开的信息，即公众尚未获取或经合法渠道无法获取的信息；三是具有价格敏感性，即有可能引起公司证券价格的波动。"〔1〕信息为特定人员所知悉是从内幕信息与内幕信息知情人员主体的角度进行界定的，这一特征认定为内幕信息的特征显然是不合适的，理由在于：内幕信息为内幕知情人员所掌握这是一个必然的结果，而且这个命题本身也存在一定的逻辑错误，应当说掌握内幕信息的人员是内幕信息知情人员，而不能认为内幕信息就是有内幕人员所掌握的。例如，某内幕信息为甲所持有，但是，甲客观上并不知道该信息为内幕信息。通过这个举例可以说明内幕信息未必为内幕人员所知悉。而这种观点的第二个特征就是未公开的信息，也就是内幕信息的秘密性特征。但是在具体的表述上，该种观点认为内幕信息是尚未被公众获取或者是无法通过合法渠道获取的。笔者认为，这种表述欠妥。理由在于，内幕信息的认定标准中秘密性特征是指该信息尚未被一般人所知悉，但是，并不是认为内幕信息对外公开之前就无法通过合法渠道获取，以是否能够公开合法渠道获取信息作为内幕信息秘密性

〔1〕郭立新、杨迎泽主编：《刑法分则适用疑难问题解》，中国检察出版社2002年版，第86页。

的解释缺乏合理性。而第三个特征即价格敏感性，则是指当该信息对外公开之后会影响公司股票的市场价格，也就是说，信息公布与否与股票的市场价格存在联动关系，这一点可以被认为是内幕信息的一个重要的特征。另外一些学者认为，内幕信息应当具有三种特征，即相关性、未公开性与重要性。相关性是指该信息与证券发行、交易等活动具有相关性。未公开性是指信息在尚未对外公开时，该信息处于保密的状态。而重要性则是指信息的重要性程度将严重影响公司股票的交易价格。与两特征说相比，三特征说更加详细并且其多列出的一个特征也确实应当列为内幕信息的特征。三特征增加了相关性的特征，内幕信息具有相关性应当是其区别于一般信息的一个重要特征，相关性所体现的不仅仅是该信息与证券的发行、交易活动相关，其更是与特定公司的经营信息、股票价格具有相关性。因此，三特征说在两特征说的基础之上增加了相关性的特征，具有合理性。

除了两特征说与三特征说之外还存在一种观点，其认为内幕信息应当具有四种特征。持有四特征说的学者认为："内幕信息应当具备四个条件：（1）必须是尚未公开的信息。（2）必须是真实、准确的信息；这样就将内幕交易与利用谣传的证券、期货操纵行为或虚假陈述的欺诈行为区分开来。（3）必须是与可转让证券发行人或可转让证券有关的信息。（4）必须是影响证券、期货市场价格波动的信息。"〔1〕这种观点在三特征说的基础之上增加了内幕信息准确性的特征，所谓准确性的特征是指信息所涉及的内容具有客观的真实性，其是相对于虚假信息而言的。公司内部重大的信息与证券的市场价格存在必要的联动

〔1〕孙昌军、易建华："关于内幕交易罪几个问题的研究"，载赵秉志主编：《新千年刑法热点问题研究与适用》，中国检察出版社2001年版，第842页。

关系，公司现在与未来经营性信息将影响公司股票市场价格的波动。而信息根据其是否准确可以分为真实信息与虚假信息，这两种信息都能够改变证券投资者的投资决策与公司股票的市场价格。虚假信息能够具有这种能力的行为模式主要体现在这样一种情况，即虚假信息的编造这将虚假信息传播到公众的视野之中，例如，将公司的并购的虚假信息传递到证券市场，让证券投资者误以为这种并购信息是真实存在的。对于并购方而言，并购可能是一种利好信息也可能是一种不利的信息，这就会对公司的投资者的投资决策产生重大的影响，这种对投资者的影响也直接影响公司证券的供需关系从而直接影响公司股票的市场价格。利用真实信息的证券欺诈行为则是通过信息优势获取的，这种信息优势可以为内幕信息的持有人带来巨大的经济上的收益，体现为获取经济上的收益也可以体现为避免一定量上的经济损失。而相比较于一般的、没有获取内幕信息的人员来讲，这种获益行为或者避免损失的机会则不会存在。这就是真实信息的欺诈行为与虚假行为的欺诈行为之间的区别，虽然二者都是证券欺诈行为，但是，在行为的模式上来讲，二者存在巨大的差异。因此，在内幕信息的认定标准中增加信息的准确性特征是合理的，存在准确性的特征与不存在准确性特征会影响行为的定性问题。

笔者认为，就以上争议而言，认为内幕信息应当具有四个特征的观点最为合理，也更能说明内幕信息的特征。内幕信息应当具有四个特征，即秘密性、重大性、相关性及准确性四个特征，只有符合以上四个特征才能认为某信息属于内幕信息。其中，内幕信息的秘密性是内幕信息最为主要的特征，在这个特征中最主要解决的问题就是何为尚未公开或者信息对外公开的时点。依据我国的相关法律，所谓信息对外公开采取的认定标准是形式上的公开标准，即只要某信息在法律规定的新闻媒介对外公开就视为已经对外公开，而不去关注该信息是否已经为证券市场上的投资者所知悉、消化。对内幕信息对外公开时点的确定涉及内幕交易行为认定的一个关键问题，即我国相关的司法解释规定了内幕信息的敏感期问题，而只有利用的信息尚处于敏感期间，才能够认定该信息为内幕信息，此时利用内幕信息进行证券交易才能够认定内幕交易行为。信息从生成到公开是一个时间段而非时间点，从生成到公开这段时间，任何人都不能利用该信息进行证券买卖行为。内幕信息的重大性所要解决的问题就是信息对于证券市场价格波动的影响程度，内幕交易行为可以是行政违法行为，也可以是犯罪行为。根据违法程度的不同，可以将内幕交易行为分为违法行为与犯罪行为。而在经济犯罪领域里，衡量行为的违法程度主要是从行为所侵犯的财产权益的量上进行考虑。在刑法领域中认定证券内幕交易行为之时，必然要确立一个违法程度上的标准，即信息尚未公开与信息对外公开之时，证券的市场价格会存在一定的变动比例，而重要性所要解决的问题就是当这个比例达到何种程度之时，才能认为该信息具有刑法意义上的重大性特征。笔者认为，内幕交易行为是一个法律上的竞合行为，内幕交易犯罪行为必然是内幕交易违法行为，而内幕交易违法行为未必能够构成内幕交易犯罪行为。因此，在理解重要性的特征之时，要区分在行政法领域中的重要性特征和刑法领域的重要性特征。设置重要性特征标准的合理性直接影响到认定内幕交易犯罪的科学性、合理性，不能直接将内幕交易违法行为的重要性标准直接援引至犯罪行为的认定过程中。重要性的特征主要明确的问题首先是信息应当是影响该公司经营、证券市场价格的重要信息。其次，还要解决的问题就是内幕交易违法行为与犯罪行为的界限问题。内幕信息的第三个认定标准应当是内幕信息的相关性，内幕信息应当与证券发行、交易具有相关性的信息。笔者认为，相关性所体现的并不仅仅在于与证券发行、交易相关性的信息。信息所涉及的内容也应当与公司的经营具有密切相关性的信息。另外，相关性还要解决的一个问题就是特定性的问题。所谓相关是与某个特定的或者某个行业类似的公司相关，而影响某个行业或者某几个行业的信息，虽然也影响着某个别公司，但却不具有特定的相关性。因此，在认定内幕信息的相关性特征时，要着重认定信息是否与特定某个或者某些公司具有相关性，如果不具有特定的相关性，则不能认为该信息具有相关性的特征。内幕信息应当具有的最后一个特征就应当是内幕信息的客观真实性，也就是准确性的特征。在此，必须要说明的一个问题就是很多学者认为内幕信息的秘密性与重大性就包含着内幕信息准确性的含义。因此，没有必要再单独探讨内幕信息准确性的问题。笔者认为，内幕信息的秘密性与相关性确实在一定程度将内幕信息视为具有客观真实性的信息，如果信息不具有准确性，则不会在之后予以对外公开，在信息公开之后此信息也不会对股票的市场价格产生重大的影响。但是，秘密性与重大性的特征所要解决的认定问题并不侧重于内幕信息的准确性。另外，证券欺诈行为存在着利用真实信息进行的欺诈行为与利用虚假信息进行的欺诈行为。因此，内幕信息准确性的认定标准的设置的目的就在于将内幕交易行为与利用虚假信息进行证券交易行为进行区分，内幕信息的准确性能够区分不同行为的性质。因此，设置内幕信息准确性的标准是必要的、合理的。

（二）我国司法过程中内幕信息的认定标准

内幕交易罪应当被认定为行政犯，对于其各个构成要件的认定要结合其他相关的法律的规定，尤其是对内幕交易罪各个构成要件要素的判断应当结合相关行政法规的规定。内幕信息作为认定内幕交易犯罪的较为重要的一个构成要件要素，其在认定的过程中也要援引除刑法以外其他相关法律的规定。我国《证券法》第75条中规定："证券交易活动中，涉及公司的经营、财务或者对该公司证券的市场价格有重大影响的尚未公开的信息，为内幕信息。"[1]根据这条规定，内幕信息应当具有三个特征，"涉及公司的经营、财务或对该公司证券的市场价格具有重大影响"说明内幕信息应当具有相关性与重要性的特征，对该公司具有影响说明该信息具有指向性的特征，说明信息仅仅与特定的、相关的公司证券发行、交易具有特定的联系。对证券市场价格具有重大影响则说明信息所涉及的内容与股票的市场价格具有紧密的关系，这说明内幕信息应当具有重要性的特征。而尚未对外公开则说明内幕信息应当具有秘密性的特征。另外，在本条规定中，还明确地规定了内幕信息的范围，即采取列举的方式将内幕信息的范围进行了明确的规定。本条的规定中并没有明确规定或者可以说其并没有重视内幕信息准确性的规定，但是，根据法条的含义可以推测出内幕信息应当具有准确性的特征。如果信息不具有准确性的性质，那么信息所涉及的内容在将来就不会在证券市场中披露，自然也就不会影响公司上市交易股票的价格。因此，从对法条的解读来看，我国对于内幕信息的认定标准应当是采取四特征的说法，即内幕信息应当具有秘密性、重要性、准确性与秘密性。除此以外，根据我国《期货交易管理条例》第81条中规定："内幕信息，是指可能对期货交易价格产生重大影响的尚未公开的信息。"[2]按

〔1〕参见我国《证券法》第75条。

〔2〕参见我国《期货交易管理条例》第81条。

照这条规定，可以认为内幕信息应当具有两个特征即重大性与秘密性。其规定与《证券法》的规定存在不一致性，按照法律效力的大小，应当按照《证券法》的规定对内幕信息进行认定。

另外，除了对内幕信息的认定标准进行确定之外，对于内幕信息所具有的各个特征的具体规定，我国法律尚未进行细致的规定，其仅仅就内幕信息的秘密性进行了一些进一步的规定。根据《最高人民法院、最高人民检察院关于办理内幕交易、泄露内幕信息刑事案件具体应用法律若干问题的解释》第5条第1款规定："本解释所称'内幕信息敏感期'是指内幕信息自形成至公开的期间。"〔1〕所谓敏感期，就是在此期间内，不得利用该信息进行证券买卖的期间，而在考虑内幕信息敏感期间的问题之时，必须明确界定两个时间点，也就是信息产生之时与信息对外公开之时。对于信息如何产生之时可以很容易确定，可以根据某公司内部的文件、会议记录来确定内幕信息何时产生。该《解释》第5条第3款又规定："影响内幕信息形成的动议、筹划、决策或者执行人员，其动议、筹划、决策或者执行初始时间，应当认定为内幕信息的形成之时。"此为内幕信息形成之时的法律规定，形成之时与公开之时是一个时点，而敏感期则是由两个时点所形成的一个时间间隔。关于内幕信息公开时点的确定，我国采取的标准是形式的公开性标准。又根据该《解释》第5条第4款的规定："内幕信息的公开，是指内幕信息在国务院证券、期货监督管理机构指定的报刊、网站等媒体披露。"也就是说，国务院证券、期货监督管理机构指定的报刊和网站等媒体披露是证券投资者所必须关注的，其犹如法律一般，任何人都不能因为没有阅读过法律而成为其免于法律制裁的理

〔1〕参见《最高人民法院、最高人民检察院关于办理内幕交易、泄露内幕信息刑事案件具体应用法律若干问题的解释》第5条。

由。因此，其采取了形式上公开性的标准，即只要公司履行了信息披露的义务，按照规定在指定的期刊或媒体上公布了该信息就认为该信息已经对外公开，而不去关注该信息是否已经为一般投资者所知悉。除了对内幕信息敏感期的规定之外，相关法律与司法解释并没有对内幕信息认定标准的其他特征进行进一步的规定，即对于重要性、准确性及相关性的规定都没有更加详细的司法解释。

以上即为内幕信息的认定标准研究的内容，其主要从理论上以及相关法律的规定之上探讨内幕信息认定标准司法认定的缺陷与立法完善的问题。但是，以上通过对内幕信息认定标准进行的比较研究，将有利于解决之后对于内幕信息各个认定标准的缺陷及立法完善等问题。对于内幕信息要结合内幕交易犯罪所保护的法益进行理解，不能脱离内幕交易犯罪的法益。在我国司法实践中，对内幕信息的规定尚存在较大的缺陷有待于日后的完善，因此，本章的下一个部分将着重叙述内幕信息认定过程中的缺陷及完善的建议。

第三节 内幕信息认定标准存在的缺陷及完善

内幕交易犯罪行为客体研究的前两个问题主要是从整体上对于内幕信息进行探讨，而第三个问题主要是对内幕交易相关具体的立法与司法解释等具体的问题进行探讨。而相关的法律、法规及司法解释对于内幕信息的规定则主要围绕内幕信息具体的特征进行阐述。例如，我国相关司法解释对于内幕信息敏感性的规定，其主要探讨的问题就是对内幕信息的秘密性进行进一步的规定。内幕信息的秘密性是内幕信息最为主要的特征，也是内幕信息认定的最具有争议的问题。秘密性质主要关注两个主要的时间，一个是信息产生时间与公布时间，另外一个则是行为人获取内幕信息的时间与利用信息进行证券买卖的时间。在我国理论界与司法实践中对于内幕信息敏感期的具体认定标准尚存较大的争议，不同的观点会产生不同的效果。因此，对于设置敏感期的一致性与合理性就是认定信息是否是内幕信息的关键问题。此外，除了敏感期的问题，还有一些具体的问题需要探讨，但是，本部分的探讨主要是对一些具体的问题、具体的法律、法规的合理性进行的探讨。

由于认定内幕交易犯罪时要依据相关的行政法规，对于一些犯罪构成要件要素的界定要援引除了刑法以外的其他法律及相关的司法解释。从我国对于内幕信息认定的相关法律及司法解释中可以看出，其主要的特点是整体上对内幕信息的认定标准进行了规定。但是，对于一些具体的认定标准并没有进行详细的解读。这种情况的存在导致在司法实践的过程中，对于某信息是否应当属于内幕信息的判断存在较大的争议，既不利于惩罚犯罪，也不利于保障犯罪嫌疑人、被告人的权益。

一、我国法律及相关司法解释关于内幕信息的认定存在的缺陷

在我国，相关的法律及司法解释尚未细致地对内幕信息的各个认定标准进行明确的规定。例如，关于内幕信息重大性的标准，我国《证券法》采取的是列举性的方式，但其只是根据信息所涉及的内容的重要性质来体现内幕信息的重要性，并没有从量上界定内幕信息的重要性。

（一）内幕信息秘密性认定标准存在的缺陷

内幕信息的秘密性是内幕信息最为典型的一个特征，这一特征强调信息尚未对外公开。我国相关法律及司法解释中对于

内幕信息的秘密性也进行了相应的规定。“关于内幕信息公开的标准，证券市场实践中大体上有三种标准：一是以市场消化了该信息为标准，二是以公司召开新闻发布会公开信息为标准，三是以公司通过全国性的新闻媒介公布该项消息为标准。”〔1〕以市场消化信息为标准的标准被称为是实质的公开性标准。而其他两种不以市场消化该信息为必要，只以信息在指定的新闻媒介、期刊上公开为必要。我国《证券法》第70条规定：“依法必须披露的信息，应当在国务院证券监督管理机构指定的媒体发布，同时将其置备于公司住所、证券交易所，供社会公众查阅。”〔2〕另外，《股票发行与交易管理暂行条例》第63条第1款规定：“上市公司应当将要求公布的信息刊登在证监会指定的全国性报刊上。”〔3〕根据以上规定可以看出，对于内幕信息的公开性，我国采取的标准是形式的公开性标准，即只注重信息公开的形式，只要上市公司履行了信息披露的义务且将公司重要的信息在指定的地点刊发就认为已经对外公开。学界中持有这种观点的学者认为，形式的公开性标准具有合理性，证券投资者应当主动地、定期地关注在国务院证券监管机构指定的新闻媒介、期刊所发布的信息，如果没有及时关注这些信息而导致经济上的损失的，应当自己承担相应的责任。这种观点与对待法律规则的观点具有一致性，即任何人都不能因不知法而成为其逃避法律责任的理由。另外，还有一些学者认为，由于我国证券市场还处于较为落后的阶段，采取实质公开性的标准让所有的证券投资者都消化这些重要的信息是不太现实的。一些学者

〔1〕顾肖荣主编：《证券犯罪与证券违规违法》，中国检察出版社1998年版，第80页。

〔2〕参见我国《证券法》第70条。

〔3〕参见我国《股票发行与交易管理暂行条例》第63条。

认为："实质标准难以实行，实质标准的实施需以高度发达的证券市场和高水平的判断者的存在为背景，目前的中国证券业中显然欠缺上述背景条件。"〔1〕因此，只能采取形式的公开性标准对内幕信息的公开性予以规制。但是，笔者认为，在我国目前证券市场发展阶段采取形式的公开性标准是不合适的。理由在于：首先，针对第一种观点即证券投资者应当定期关注证券监管机构指定的相关信息，这种观点与我国目前证券市场的发展状况存在不一致性。我国证券市场发展仍然处于较为落后的阶段，其主要的特点在于证券投资者的投资意识、投资决策的理性程度、投资及信息获取方法都尚处于低位，因此证券市场应当采取引导的方式来提高证券投资者的意识及其信息获取准确性、投资决策的科学性，而采用让证券投资者主动获取信息的形式的公开性标准显然与我国目前证券市场的发展状况存在间隙。其次，针对第二种观点的叙述，即我国证券市场尚处发展之现状导致采用实质的公开性标准并不可行。笔者认为："正因为我国证券市场存在不足之处才需要建立实质性的公开性判断标准。在证券市场中，信息传播不通畅，信息传播的速度与质量较差的问题，都可以通过建立实质性的公开标准予以弥补。在信息发布与信息消化这段时间内建立多样性、科学性的信息获取渠道，更能够保障投资人获取内幕信息的概率。另外，量化信息获取程度是较为困难的工作，但是，这并非是实质性公开标准的主要工作，其主要的工作应当是建立辅助措施来加大获取内幕信息的概率。"〔2〕越是落后的证券市场，对于信息传递

〔1〕 张小宁："论内幕交易中'内幕信息'的界定"，载《昆明理工大学学报》2009年第3期。

〔2〕 张祥宇："证券内幕信息公开性标准探析"，载《浙江警察学院学报》2016年第2期。

的准确性与及时性的要求应当更加严格，不能因为落后而采取一种消极的方法来适用落后的局面。信息对于证券投资者来说是最为重要的理性判断依据，而采取形式的公开性标准则会降低证券投资者获取信息的概率。因此，采取实质的公开性标准较为适当。另外，对于内幕信息的准确性标准应当结合法益保护的原则进行探讨。内幕交易犯罪所保护的法益是证券投资者平等交易的原则，这就意味着设置内幕交易罪的目的就是要防止存在具有信息优势的人员利用提前知悉的内幕信息进行证券交易，从而因此而获益。而实质的公开性标准就是彻底消除这种信息优势的唯一途径，只有让证券市场上的投资者知悉并消化公开的重要信息才能从根本上消除存在个别投资者的信息优势。与此同时，采用实质的公开性标准也存在一定的辅助条件，随着互联网时代的到来，能够使证券投资者获取一定的信息具有可能性。

（二）内幕信息重要性标准存在较大的缺陷

对于内幕信息的重要性标准的规定，我国《证券法》采取的是列举式的方式，即将具有性质重要性的信息列举为内幕信息。但是，在我国《证券法》第75条中第（八）项的规定中把“国务院证券监督管理机构认定的对证券价格有显著影响的其他重要信息”也认定为信息具有重大性的一个标准。但笔者认为，这个规定存在明显的缺陷。首先，对于“对证券价格具有显著影响”中的显著影响缺乏明确的规定，价格波动达到何种程度才算是具有显著的影响尚不明晰。其次，对于具有“显著影响”的认定主体为国务院证券监督管理机构的规定，更是存在巨大的缺陷。《证券法》主要是规制证券违法行为的法律，因此，如果在认定证券违法行为时对内幕信息重要性标准的判断可以由国务院证券监督管理机构来进行认定。但是，当认定证券内幕交易犯罪行为时，由国务院证券监督管理机构进行认定则违反罪刑法定原则的规定。这与在内幕交易犯罪主体论述时的问题存在一定的相似性，由于对于犯罪与刑罚的认定条件只能由刑法或者刑法援引其他相关的法律进行规定，而援引的相关法律不能再一次委托其他法规或者其他机关对相关条件进行再一次的规定，因此可见，对于《证券法》中认定的内幕信息的重要性存在较大的缺陷。

除此以外，笔者认为，采取列举方式将具有重大性的信息列举出来存在的另外一个缺陷就是其欠缺一定的灵活性。虽然，在列举的条文中存在一个普遍标准的认定条款。但是，当这个认定条款无法发挥其应有作用之时，其缺乏灵活性的弊端就依然体现在现存的法律规定之中。然而，在司法实践中，多数的内幕交易案件中所涉及的内幕信息中的大多数信息都是《证券法》中列举的内幕信息范围以外的信息。“在我国的禁止内幕交易执法实践当中，就曾出现过多起依据不在《证券法》第 75 条所列举范围之内的信息进行交易的案件，也被证监会认定为构成内幕交易。”〔1〕例如，顾某某等人内幕交易案件。〔2〕在这起案件中，内幕信息所涉及的内容是公司的盈利状况，该公司因盈利巨大而在信息公开之后会吸引更多的证券投资者来购买该公司的股票，从而影响公司股票的市场交易价格。但是，公司

〔1〕 曹理：《证券内幕交易构成要件比较研究》，法律出版社 2016 年版，第 162 页。

〔2〕 参见《中国证监会行政处罚决定书（顾某其、穆某球）》（2013 年）1 号：顾某某、穆某某内幕交易案中，时任舒泰神（北京）生物制药股份有限公司董事的顾某某，在 2012 年 1 月 5 日舒泰神 2011 年年度业绩预告形成之时，知悉了该信息，并于当晚告诉了其妻子穆某球，后者于 2012 年 1 月 6 日，买入舒泰神股票 4300 股。2016 年 1 月 6 日，舒泰神披露了 2011 年年度业绩预告：预计盈利 9775 万元至 10 925万元，净利润比上一年年度增长 70%至 90%。

盈利方面的信息并没有规定在《证券法》第 75 条的范围之内，对于内幕信息的认定则主要由证监会进行认定。由此可见，对于这一问题只是采取列举的方式事先将具有重要性的信息列举在法律中，并设置了相应的兜底条款。但是，在刑事司法实践中，由于具有重大性的信息列举范围过小，兜底条款的设置具有模糊性导致在认定内幕交易犯罪之时，对于重要的构成要件要素的认定只能依照证监会的认定。基于现存的问题，笔者认为，完善内幕信息的重要性认定标准的法律规范势在必行。

（三）内幕信息准确性认定标准存在的缺陷

在我国内幕信息的认定标准的相关法律法规中，并没有对内幕信息的准确性进行规定，甚至一些学者认为内幕信息的准确性并不属于内幕信息认定的重要特征。但是，笔者认为，从相关法律对内幕信息的定义可以看出，我国相关的法律对于内幕信息的认定标准采取的是四特征说，也就是其将内幕信息的准确性纳入了内幕信息的认定标准之中，除此以外，对于内幕信息的准确性的认定标准没有再进行进一步的阐述。之所以认为内幕信息的准确性标准已经纳入其认定标准的理由在于：对于尚未公开的信息，在公开之后会影响公司股票的价格，这本身就意味着该信息会存在尚未公开和公开两个阶段，而信息会对外公开则意味着该信息是具有客观真实性的信息。对于上市公司信息披露制度的要求，也只是要求该上市公司将客观真实的信息对外公开。也就是说，我国法律对于内幕信息认定标准的规定是将准确性作为其认定标准之一的，只不过在具体规定层面没有将准确性作为重点领域进行论述。这导致了一个重要的问题发生，即在司法实践中，一些法院并没有将准确性作为内幕信息认定标准的一个条件，而仅仅认为内幕信息应当具有秘密性、重大性、相关性的特征。例如，曾经出现对内幕信息是否应当具有准确性的案例。一些法院认为，内幕信息应当具有准确性，只有利用尚未公开的、具有重大性、相关性的真实信息才能认定为内幕信息，而客观上不存在、将来也不会对外公开的信息不能认定为内幕信息。而另外一些法院则认为内幕信息是具有重要性和秘密性的信息，对于信息是否应当具有真实性并不是内幕信息必要的认定标准。产生这种差异的原因就在于：对于内幕信息准确性的认定标准并没有得到我国相关立法的关注。信息是否具有准确性将导致行为性质上的差异，利用内幕信息进行证券买卖活动与利用虚假信息进行证券买卖活动是存在根本性的差异。因此，在内幕信息准确性的认定标准的法律规范中存在较大的缺陷，这种缺陷具体体现为法律空白，即并没有对内幕信息的准确性标准纳入立法当中，从而导致司法认定中的混乱局面。此外，存在这种争议的另外一个原因就是对内幕信息的真实性存在理解上的误区。“广发证券公司借壳上市是一个动态的过程，包括广发证券公司内部部门基本确定壳资源、与被借壳公司协商、董事会决定借壳公司、与被借壳公司签订合同等多个阶段，每个阶段的信息一旦公开，均会对被借壳的上市公司股票价格产生重大的实质性的影响。只要广发证券内部基本确定借壳延边公路公司，即应当认定内幕信息已经形成。至于吉林敖东公司或延边公路公司是否同意该方案，只是借壳方案能否成功的问题，不影响该内幕信息的形成。”〔1〕对于这个案件，笔者认为，内幕信息的准确性是相对于信息具有虚假性质而言的，广发证券公司借壳上市的信息将会影响公司股票的价格，而且无论处于何种阶段，信息的公开都会持续影响公司股票的价格。但是，最终借壳上市是否能成功则不会

〔1〕 转引自曹理：《证券内幕交易构成要件比较研究》，法律出版社 2016 年版，第 183~184 页。

涉及内幕信息准确性的问题。其能否实现是一个或然性的事件，就整个过程而言，证券投资者也能够理性地认识到即使签订借壳上市的协议，也未必就会借壳上市成功，但最起码广发证券公司目前的工作是具有借壳上市的目的，其影响股票市场价格的事件也在按部就班地一步一步完成，这说明了这项信息是具有准确性的，即使最终借壳上市没有完成也不能说明公司之前做的一系列工作都是虚假的。因此，笔者认为，对于信息的准确性，应当从整体与部分两个层面进行理解，就借壳上市这个案例而言，此事件是一系列行动所能完成的结果，只要能够证明广发证券公司并非空穴来风，就能够证明其为借壳上市所做的准备工作和对外公开的信息具有真实性。

（四）内幕信息相关性认定标准存在的缺陷

如前所述，内幕信息的相关性指内幕信息所涉及的内容必须是与证券发行、交易相关的信息。除此以外，笔者认为，内幕信息的相关性也应当包含这样的含义，即内幕信息的相关性应当是与特定一个或者几个上市公司相关的信息。因此，这个信息应当是与特定公司相关的信息，而国家政策的变化、行业整体变化的信息应当不具有相关性。那些影响范围较大、能够对某个行业、设置所有行业都会产生影响的信息不具有相关性。“我国《证券法》所规定的内幕信息应当解释为公司信息，而不包括国家政策的变化。因为后者系由国家权力机关和政府机关所掌握的，非由公司掌握和控制，因此此类信息不具有特定性，不属于内幕人所独占的信息，《证券法》无力加以调整。国家机关工作人员擅自泄露该信息的，可以泄露国家秘密罪问责，不构成内幕交易。”[1]这个观点在学界得到了大多数学者的认同，

〔1〕 叶林：《证券法》（第3版），北京人民大学出版社2008年版，第304页。

他们都认为内幕信息的相关性应当包含特定性的特征，即内幕信息应当与特定某个或者某些上市公司的经营、财务相关内容密切相关。国家政策等影响某个行业或影响所有行业的信息因为与特定的公司不具有相关性，因而不属于公司的内幕信息。因此，如果某人利用职务上的便利，预先性地获取了为国家政策或者行业趋势等方向的信息并进行证券交易的行为，不应当构成证券内幕交易罪，而应当按照相应的职务犯罪定罪处罚。但是，对于这种观点，也有一些学者存在不同的观点。持有这种观点的学者认为，上述学者的观点不能解决参与政策制定的人员利用这些信息进行证券交易的行为的问题。如果认为国家政策的信息不属于内幕信息，则参与政策制定的人员利用预先获取的国家政策所涉及的内容进行证券交易的行为不构成证券内幕交易犯罪。反对者则认为："上述外部信息显然已经造成了证券市场价格的显著波动，如果参与这些政策制定的有关人员在该政策对外公开之前，利用其买卖相关证券必然能够实现不当获利或避损，与内幕交易行为并无实质区别。"〔1〕对于这种观点，笔者认为，应当以刑法分则所设置罪名所保护的法益进行理解，内幕交易犯罪所保护的法益是证券投资者平等交易的权利、证券市场的正常经营秩序与投资者、证券发行者的财产权利，并且其侵犯的法益的主体也带有一定的特定性。例如，如果利用A公司的内幕信息进行证券内幕交易犯罪的，则其侵犯权利主体包括A上市公司及A上市公司的证券投资者及证券市场的证券市场秩序。而利用预先获知的国家政策的信息进行证券交易的行为，则其侵犯主体的范围更加具有广泛性的特征并且其具体获益的数额或者避损的数额及其侵犯的财产数额具体

〔1〕 曹理：《证券内幕交易构成要件比较研究》，法律出版社2016年版，第174页。

的范围也很难确定。另外，参与国家政策制定的人员利用职务上的便利进行证券交易而获利或者避损的行为侵犯的主要法益则应当是国家公务人员的职业义务。因此，对于这种行为应当以国家工作人员职务犯罪进行定性，而不宜以证券内幕交易犯罪进行定性。由此可见，不应当将国家政策广泛影响整个行业或者某个行业信息作为内幕信息，而应当将内幕信息相关性作为内幕信息认定的一个重要的特征。持有反对观点的学者持有的另外一个理由认为，不能将特定性作为内幕信息的特征的原因就是其无法解释“老鼠仓”行为。所谓“老鼠仓”行为是指对于证券市场价格具有重大影响的信息都一定会有一些人员预先获取此信息，并以此进行证券交易行为。对于这种行为，笔者认为，这并不能成为相关性不能成为内幕信息的一个特征的理由。对于这个行为，应当区分几种情况进行探讨：如果影响证券市场价格的信息属于国家政策或者是影响某个行业或整个行业的信息，则如同前所述的理由，将这个信息排除于内幕信息之外，利用这种信息进行证券交易的行为不应当认定为证券内幕交易行为；反之，如果预先获取的信息属于涉及某个或某些特定公司的信息，并利用此信息进行证券交易行为的，则应当认定此行为为证券内幕交易行为。综上所述，笔者认为，特定性应当属于相关性的重要的内容，不具有特定性的信息不应当界定为内幕信息，否则会不当地扩大证券内幕交易罪的适用范围。

二、我国相关法律及相关司法解释的完善路径

如前所述，可以发现认定内幕信息的相关法律及司法解释存在较大的问题，对于这些问题的解决将直接关系到内幕交易犯罪行为的司法认定。因此，对于内幕信息的认定标准进行适

当的完善势在必行。

（一）内幕信息秘密性的认定标准的完善路径

对于内幕信息的秘密性标准，我国相关法律及相关司法解释认为，信息对外公开的标准应当采取形式的公开性标准，即只要该信息在指定的报刊、媒体对外公布就视为已经对外公开，而并不关注该信息是否为证券市场中的投资者所知悉。对于内幕信息秘密性的认定标准而言，信息对外公开的时点是一个关键的问题，只有信息处于内幕信息的敏感期间，即在信息产生时至信息公开之时这段期间，利用此期间的信息进行证券内幕交易行为才能认为是利用内幕信息进行证券内幕交易行为。可见，内幕信息的秘密性是内幕信息最为典型的特征，而对于信息何时可以认定为对外公开的时点才是内幕信息秘密性最重要的问题。我国关于内幕信息公开性采取的认定标准存在重大的缺陷。单纯地从形式的公开性标准而言，其与其他采取形式的公开性标准的国家相比也存在较大的差别。根据相关的法律，信息披露人在我国法律规定的报刊及媒体上公开才能说明此信息对外公开。根据证监会发布的《上市公司信息披露管理办法》第 6 条第 2 款规定："信息披露义务人在公司网站及其他媒体发布信息的时间不得先于指定媒体，不得以新闻发布或者答记者问等任何形式代替应当履行的报告、公告义务，不得以定期报告形式代替应当履行的临时报告义务。"[1]其他采取形式公开性标准的国家，既规定了信息在指定的报刊、新闻媒介公开，还规定了一段缓冲期间，即当信息在指定的报刊等新闻媒介公开一段时间之后，才能视为该信息对外公开。而我国采取的公开性标准在法律规则的层面上来讲，其仅仅规定该信息在指定的

〔1〕参见《上市公司信息披露管理办法》第 6 条。

地点公开就视为对外公开，而没有在《证券法》中规定相应的缓冲期间。另外，从法益保护的角度来看，证券内幕交易犯罪所保护的法益之一就是证券投资者平等交易的原则。投资者平等交易的一个重大表现就是证券投资者平等获取公司内部信息的权利，信息在形式上对外公开未必能使所有证券投资者均获取了该信息并充分了解信息所涉及的内容。只有在信息对外形式公开，并结合相关实质的、科学的公开方式才能认为该信息对外公开。“信息公开应以市场消化了该信息为标准。只有在市场对信息公开作出反应后或经过合理时间证明市场已消化这些信息后，才应允许实际掌握内幕信息的人从事证券交易。”〔1〕

关于内幕信息公开性的认定标准，笔者认为，我国应当采取实质的公开性标准以替代形式的公开性标准。除了保留原有的规定，即将公司内部信息在国务院证券监管机构指定的报刊、新闻媒介上公开该内部信息外，还应当规定一段时间，让证券投资者在这段期间内能够充分获取该信息的内容。也就是说，在信息对外公开后的一段合理期间，对特定的上市公司的股票市场价格进行价格变动趋势的测试，测试在这段期间内的价格变化观察这段期间内、在信息对外公开之后价格变动的趋势是否已经趋于平稳。如果这段期间内市场价格变动趋势已经趋于平稳则说明该信息的内容已经没有影响证券市场价格的能力，且该信息已经为证券市场中的证券投资者所知悉；而如果该信息在这段期间内对证券市场价格依然能够产生重大影响，即在信息公开之后的一段时间内，证券市场价格的变动趋势依然不稳定，则说明该信息还处于内幕信息的敏感期间，信息尚未为市场所吸收，不能认定该信息已经对外公开。这种证券市场价

〔1〕　雷丽清：《中美内幕交易罪比较研究》，中国检察出版社2014年版，第74页。

格测试的方法能够从实质的层面对信息是否已经为证券市场所吸收提供一个方法。另外，对于实质的公开性标准，可以采取信息回馈机制来测试该信息是否已经对外公开以及为证券投资者所知悉。由此可见，这种方式是从技术层面对实质的公开性进行的探讨。随着互联网等通信行业的迅速发展、信息采集的广度与深度使得采取实质的公开性标准成为可能。每个上市公司都存在自己的股东名册，上市公司可以采取股民登记的方式收集到上市公司股东的个人信息，而掌握股东个人信息之后，上市公司可以采取定向发放手机信息或者电子邮件等方式将公司尚未公开的信息定向发放给上市公司的证券投资人，而当证券投资者获取信息及电子邮件后应将获取信息的消息回馈给该上市公司。这就是所谓的信息回馈机制，是一种测试信息是否对外公开最为直接的一种方式，也是最为有效的方式。

（二）内幕信息重要性标准的完善路径

对于重大性的认定标准，不同的国家采取的认定标准也不尽相同，主要有两种重要的模式。一种模式是采取具体的规定，将具有重要性的公司内部信息明确地列举在法律规范中。我国对于内幕信息重要性的规定就是采取的这种方式，我国《证券法》依据公司内部信息的性质，将具有重要性的信息明确地列举在法律规范中。这种方式具有的优点在于其具有高度的明确性，对于内幕信息重要性标准的规定采取的是列举的方式，只要法律上具有明确的规定，就能够认定某些信息具有重要性的特征，但是，采取这种方式也具有重要的缺陷就是这种方式欠缺一定的灵活性，只要是立法上明确规定之后，就再无回旋的余地。另外一种模式，采取了抽象性标准对内幕信息的重要性进行规定，典型代表就是美国。这种模式在法律、相关的判例中预先性地设置一定的标准，只要某信息具备这种标准就认定该信息具有重要性的标准。例如，美国采取的理性投资人标准，即只要某信息的存在能够改变理性的证券投资者的投资决策就认为该信息具有重要性的特征。这种标准具有优点就在于其具有高度的灵活性，规定了一定的认定标准，只要某项信息具有这样的特征就能认为该信息具有重要性。但是，采取这种模式也具有重要的缺陷，就是这种模式缺乏明确性并给了法官较大的自由裁量权。

结合目前世界各国关于重要性的规定模式的研究，笔者认为，对于抽象式的模式与具体式的模式，应当采取结合的方式，即同时采取这两种模式。这种方式能够适当地弥补我国目前对于重要性标准的缺陷，具体的思路就是，保留现有的列举的方式并在现有的基础上适当地扩大范围。例如，可以将公司重大盈利或亏损等信息纳入重要性的信息。除此以外，要设置一个具有高度概括性并具有一定合理性、可操作性的标准将具有一定特征的信息也纳入重要性的信息范围之内。笔者认为，以美国理性投资者标准为例，美国相关判例确立了理性投资者来确定某项信息是否具有重要性的特征的规则，也就是说，只要某项信息的存在能够影响投资者的投资决策就能够说明该信息具有重要性的特征。这种抽象性的标准具有较大的概括性与明确性，并且这种标准的设置给予法官较大的自由裁量权，对于法官的素质要求过高。显然以我国目前法治建设的进度来看无法利用此种观点，可操作性较低。此外，笔者认为，对于重要性标准，可以结合信息公开前后的证券交易量及证券交易价格的变动幅度来判断某信息是否具有重要性的特征。至于证券交易量，由于公司内部的经营信息能够影响公司股票的价格，而信息的重要性程度与证券市场价格的敏感程度又具有一定的关联，因此，具有重要性的信息会严重影响公司证券的交易量与公司股票的价格。公司股票的交易量是一个具体性的数字，以此作为判断公司股票的重要性特征具有直观性并具有较大的可操作性。与此原理相同的是，股票的市场价格与公司证券的交易量具有一定的联动关系，影响公司股票的交易量是改变公司股票的市场价格最为直接的因素。以这种具有明确性的数据作为判断某项信息是否具有重要性的特征的标准，相比较美国的理性投资者的标准更加适合我国目前的司法现状。除此以外，对于股票市场价格的判断标准，可以设置一个具体性的标准。例如，可以设置这样一个规定，即某信息在公开前后，证券的市场价格变动幅度超过 5%或者 10%就可以认定该信息能够严重影响公司股票的市场价格。具体来讲，某上市公司在某信息对外公开前后，公司上市交易的证券的市场价格由每股 5 元上涨到每股 6 元，也就是说该股票市场价格上涨了 20%。那么，如果法律规定了市场价格变动幅度为 10%的标准，那么该信息对于上市公司就具有重要性的特征。另外，以列举式与概括方式相结合来界定内幕信息重要性的标准要注意如何将二者进行较好的衔接。具有重要性的信息要同时具有性质的重要性和价格的重要性，还是只要具有其中一个重要性就可以认为该信息具有重要性的特征，就笔者看来，应当以价格重要性为认定的最为主要的标准。一般情况下，具有性质重要性的信息就同时具有价格重要性的特征。但是，存在原则性的规定就会存在例外，一些具有性质重要性的信息未必具有价格重要性。在这种情况下，虽然某信息在法律列举的具有性质重要性信息的范围之内，但其不会影响公司股票的市场价格。如果某信息具有这样的特征，那么不能够认为该信息具有重要性的特征。理由在于：从学理上来讲，内幕信息的重要性标准主要体现的是内幕信息具有严重影响公司股票的上市交易价格，并且证券内幕交易犯罪是破坏社会主义经济秩序的犯罪，经济犯罪主要关注的是此犯罪行为在经济上非法获益的数量或者避损数额的多少。从这个角度上来讲，对于内幕信息重要性的判断主要从其对证券市场价格影响的角度进行的探讨。具有重要性标准的信息必然是能够严重影响公司股票市场价格的信息。因此，应当采取列举式与抽象式规定结合的方式，并以抽象式的价格重要性的判断为主要的判断依据。

（三）内幕信息准确性的完善路径

对于内幕信息准确性的特征要进行正确的理解，虽然我国《证券法》及相关法律中尚未将此信息直接纳入内幕信息的认定标准中，但是，结合相关的规定可以得出内幕信息的准确性应当纳入内幕信息的认定标准之中。不具有准确性的信息首先不会存在公开前和公开后的时点。从证券内幕信息所保护的法益来讲，证券内幕交易犯罪与以虚假信息进行证券交易虽都属于证券欺诈行为，但其保护的法益及行为的方式并不相同。笔者认为，只要某上市公司正在积极努力完成某事件，即使由于某些客观的原因没有成功，也不能因此认为该信息是虚假的。理由在于：对于某上市公司而言，公司内部会有很多未来的计划，这些计划是否能够成为现实是一种或然性的事件，其可能顺利完成也可能半途而废，成功与否都不会涉及该公司的计划带有的虚假性。另外，公司为实现设定的计划已经在一定程度上完成了相应的工作，说明该公司并非带有弄虚作假的性质。从以上两点可以看出，这种未完成工作的信息并非属于虚假信息，利用这些信息进行证券交易行为是不同于利用虚假信息进行证券交易的行为的。因此，笔者认为，证券内幕交易犯罪所利用的信息必然是具有客观真实性的信息，信息是否客观真实影响行为在刑法领域中的定性。综上所述，在《证券法》及相关法律、司法解释中明确内幕信息应当具有客观真实性是必要的。区分真实的信息与虚假的信息不仅仅能在学理上区分行为的性质，也能够规范司法实践中对于内幕信息的判断。以往的相关法律及相关司法解释并没有对内幕信息的准确性进行应有的关注，这导致在司法实践过程中对内幕信息的判断存在巨大的争议，并不利于对证券内幕交易犯罪的认定。对于内幕信息准确性的判断要依据一定的逻辑规则，同样的信息从不同的角度会得出不同的结论。因此，明确内幕信息准确性的认定标准十分重要。

（四）内幕信息相关性的完善路径

对于内幕信息相关性的标准的完善必须先明确的问题就是相关性是否应当包含特定性的问题。所谓相关性，如前所述，是指信息所涉及的内容必然与证券的发行、流通相关。笔者认为，相关性的问题应当包括：首先，内幕信息所涉及的内容必须与特定的上市公司或某些上市公司经营信息、财务信息相关。其次，内幕信息所涉及的内容涉及证券的发行与流通，且涉及的内容将影响着证券的发行量与交易量。而在我国目前的立法当中，对于内幕信息的相关性问题并没有明确的规定，存在法律空白的情况。这种局面导致了司法机关在对某些行为人行为性质的判断的过程中存在较大的争议。例如，国家政策的制定或改变将会影响公司经营状况，这是不言而喻的。其如同公司内部信息一样，对于公司上市流通的证券的市场价格将会产生重大的影响。利用这些信息进行证券交易，也是在破坏证券投资者平等交易的权利。但是，这种行为并非是证券内幕交易的行为。证券内幕交易强调的是利用公司内部尚未对外公开的信息进行证券交易，而国家政策、行业信息并不属于某一或者某些特定公司内部的信息，因为某一个国家政策的制定不仅仅影响某一个产业，其对经济环境的影响具有广泛性。因此，不能够将国家政策等具有广泛影响的信息作为内幕信息。这说明了内幕信息应当是某个公司或者某些公司内部特定的信息，此信息只能够影响某一个或者某几个特定的公司。例如，甲公司将要收购乙公司的信息，在此信息尚未对外公开之前，甲公司及乙公司的内幕信息知情人员不得利用此信息进行证券内幕交易行为。这个信息就是影响甲、乙公司的内部信息，其重要的影响程度只是针对甲公司和乙公司，而不会对其他公司具有重大的影响力。因此，笔者认为，为了正确地区分行为的性质，对于内幕信息的相关性进行立法上的明文规定是必然的趋势。在立法中，必须明确地规定内幕信息是与特定公司具有相关性的信息，国家政策、行业信息等具有广泛影响力的信息不能作为内幕信息对待。一些参与国家政策制定的人员，利用职务上的便利获取国家政策的变动的信息进行证券交易的行为，其获益或者避损行为与证券内幕交易行为具有较大的相似性，但不可以同样的法律规则进行处罚。对于内幕信息相关性特征的理解应当从法益保护的角度进行解读，内幕交易是利用预先获取的公司内部信息进行证券交易行为的，显然国家政策的内容并不属于特定的公司、企业。如同将影响企业经营的风险分为市场风险和非市场风险的原理一样，市场风险是影响所有行业的风险，而非市场风险则是影响特定企业的风险。内幕交易罪中的内幕信息就是某些特定企业内部的信息。

以上就是对于内幕信息认定标准的研究，具有较大的理论意义和实践意义。对其研究要结合学理上的研究和现实中可操作性的研究。理论研究具有高度的概括性，但具有理论价值，而司法实践中对于内幕信息认定标准的研究使得内幕信息认定标准更具有可操作性。内幕信息认定标准设置的准确性、合理性直接影响到证券内幕交易行为的认定。也可以说，内幕交易罪行为客体的研究包含在内幕交易行为研究的范围之内，证券内幕交易行为认定的准确性取决于对内幕信息认定的科学性、合理性。另外，对于内幕信息的研究也要结合法益保护的原则，因为在刑法领域中，对于个罪的研究都离不开对个罪法益的研究。内幕交易各个构成要件要素的研究也是如此，不能脱离内幕交易所保护的法益来研究内幕交易犯罪各个构成要件要素。对于内幕信息认定标准的完善也离不开对于我国目前证券市场现状进行的研究。虽然，我国证券市场尚处低位，但是，造成这种局面的原因在于证券监管的不利，并不能说证券市场的辅助条件上存在缺陷。正如一些学者认为，对于内幕信息秘密性的标准，一些学者认为我国目前证券市场采取实质的公开性标准并不合适，理由在于：我国证券市场的发展状况不足以采取实质的公开性标准，想要每一个证券投资者都能够充分地知悉公司的信息是不可能的。笔者认为，证券市场发展越是缓慢才越要采取一些引导性的措施使每个证券投资者能够充分地知悉尚未公开的信息，这样才能让每一个证券投资者都能够在一个平等的条件下获取公司内部信息。另外，从技术条件上来讲，通信技术在我国的迅速发展也可以为实质的公开性标准提供客观的条件。证券市场发展滞后是指证券市场法制建设滞后，而并不是其他因素上的滞后，滞后主要体现在证券市场中监管不严、监管不力，证券市场不能进行有序的发展。至于一些技术性的条件，在我国目前情况下是完全可以支撑实质的公开性标准的设置与运用的。内幕信息的认定标准研究是内幕交易罪行为客体研究的重要内容，而且以上研究中的各个内容之间都存在一定的相似性。例如，对于内幕信息的定义研究与内幕信息认定标准的研究，其研究内容存在一定的交叉。无论是在学理上还是从立法的角度讲，对于内幕信息概念的研究都主要是从内幕信息的特征上进行定义的。因此，对于内幕交易犯罪行为客体的研究的各个部分之间既存在差异性，也存在一致性。不能孤立地研究每一个个别的问题，也不能将各个部分混为一谈。

本章小结

本章介绍的内容是内幕交易罪行为对象的问题。所谓行为对象又称行为客体，是犯罪所指向的事物。而内幕交易罪的行为对象是内幕信息。所以，本章主要探讨的问题就是内幕信息的问题。在第一节中，主要探讨的问题是内幕信息的概念与内涵，本节将以“有效市场”理论作为依据，对内幕信息的概念进行界定，并以美国、欧盟等国家为视角，对内幕信息进行了研究。第二节主要探讨的问题是内幕信息的特征，即内幕信息认定标准的问题，本书认为内幕信息应当具有四个特征，即秘密性、相关性、重大性与准确性。且只有同时符合以上四个特征才能认为某信息符合内幕信息的特征。另外，内幕信息的认定标准设置的合理性直接关系到内幕交易罪认定的准确性，也就是说，行为人是否利用内幕信息进行证券交易是内幕交易罪最为主要的特征。如果行为人没有利用内幕信息进行交易，则不认为其实施了内幕交易行为。本章的最后一个部分介绍的内容是内幕信息相关的法律规定及司法解释，在本节中，主要的思路就是探讨内幕交易认定标准相关的法律与司法解释，在认定过程中发现其存在的缺陷，并提供了适当的完善建议。

第四章 内幕交易行为模式

犯罪行为研究是刑法分则中个罪研究的关键问题，没有犯罪行为就没有个罪的存在，成立刑法分则中的个罪必须具备主观、客观的构成要件。法律不惩罚罪恶的思想，也不去惩罚不具有主观恶性的行为。构成犯罪必须具备主观的恶性，同时，也应当具备具体的犯罪行为。犯罪行为是构成犯罪的必要条件，证券内幕交易犯罪也不例外，如果不存在证券内幕交易犯罪行为，是不能认定某行为构成证券内幕交易犯罪的。

内幕交易犯罪行为的构成要件认定是内幕交易犯罪的关键问题，从世界各国关于内幕交易犯罪行为研究与司法实践中可以看出，行为的模式大概主要包括几种形式：①内幕信息知情人员自己利用获取的内幕信息进行证券买卖的行为，这是内幕交易犯罪的典型情况。②泄露内幕信息的行为，即内幕信息知情人员将内幕信息泄露给其他人的情况。③建议他人从事内幕交易行为，也就是行为人建议除自己以外的其他人利用内幕信息进行证券内幕交易行为。但是，在各个行为模式的认定过程中，各个国家的认定标准还是存在细微的差别的。

第一节　典型内幕交易犯罪行为的认定

在证券内幕交易犯罪的典型行为的认定中，证券内幕交易犯罪行为是否以“利用内幕信息”为必要尚存在较大的争议。持有“肯定说”的学者认为，证券内幕交易犯罪行为以“利用内幕信息”为必要条件，不能证明行为利用内幕信息就不能够认定该行为是证券内幕交易行为。“只有利用了内幕信息，才有可能破坏投资者获取信息渠道的公平性，从而侵犯他们的平等竞争权，使他们的利益受损。如果行为人仅知悉内幕信息，却没有利用它从事证券交易活动，或者行为人交易的证券与内幕信息涉及的证券无关，也不能构成内幕交易罪。”〔1〕而持有“否定说”的学者则认为，证券内幕交易行为不以“利用内幕信息”为必要，利用内幕信息并非是成立证券内幕交易犯罪行为的必要条件。以此项条件为证券内幕交易犯罪行为的必要条件将导致在司法实践过程中的巨大困难。因为，如果“利用内幕信息”为内幕交易的必要条件，就必须证明行为人利用了内幕信息，而知悉信息并不等同于行为人利用了内幕信息。这样的情况将会导致司法人员在认定犯罪行为时并不能提供确实、充分的证据证明该行为人利用了内幕信息。对于以上问题的解读将影响行为规制的范围，内幕信息知情人员可以其并没有利用内幕信息而规避其承担证券内幕交易犯罪刑事责任。而如果不以利用内幕信息为构成犯罪的必要条件，则只要证明行为人知悉内幕信息，并进行证券交易就可以证明该行为构成证券内幕交易犯罪。综上所述，笔者认为，对于此问题进行明确性的解

〔1〕　王新：《金融刑法导论》，北京大学出版社 1998 年版，第 198 页。

读将会直接影响证券内幕交易犯罪行为的认定，对于此问题的解决势在必行。

证券内幕交易犯罪行为是内幕信息知情人员利用获取的内幕信息进行证券买卖的行为，在这个过程中，必须要证明的是行为人证券买卖获益行为所依据的信息来源是非法获取的内幕信息。根据我国《刑法》的规定，并没有明确规定成立内幕交易行为必须要利用该内幕信息，刑法条文中也并没有明确规定“利用内幕信息”是构成内幕交易罪所必要的要件。

典型的内幕交易犯罪行为是指行为人本人利用内幕信息进行证券买卖行为，并利用买卖差价及证券成交量获取非法利益。在典型的内幕交易行为中，最为主要的问题就是行为人实施证券交易行为是否以“利用内幕信息”为必要。因此，在本节中主要探讨的问题就是，内幕交易行为是否以“利用内幕信息”为必要。

一、“利用内幕信息”理解上存在的争议

从我国《刑法》上的规定可以看出，利用内幕信息并没有明文规定。但是，在刑法理论研究中，学者们对于内幕交易罪是否以利用内幕信息为必要条件尚存在较大的争议。一些学者认为，证券内幕交易罪必须以利用内幕信息为必要，如果不能证明内幕信息知情人员利用了内幕信息进行证券交易的，则不能认为其行为构成内幕交易罪。虽然，在刑法条文中没有规定内幕交易罪以利用内幕信息为必要条件，根据对条文进行推测就足以得出内幕交易罪应当以利用内幕信息为必要条件。而持有反对意见的学者则认为，内幕信息不应当以利用内幕信息为必要条件，否则，将会加大内幕交易罪认定的难度。例如，行为人系甲上市公司的高级管理人员，甲公司将要与其行业最大

的竞争对手乙公司合并，而行为人利用身份上的特殊条件获取了该尚未公开的内幕信息。但是，该行为人并没有持有甲公司的股份，而是持有乙公司的股份。得知此信息后其增加了对乙公司的股票持有量，而当该信息对外公开之后，合并后企业的股票市场价格持续上涨，该行为人因此获利。从这个案例中，可以看出该行为人是内幕信息知情人员，客观上其知悉了内幕信息，而其增持乙公司的股份与其持有该公司内幕信息具有的联系。因此，笔者认为，对于内幕交易行为是否以利用内幕信息为必要条件的问题应当从客观的角度进行研究。从证明的角度上来讲，根据一般人的观点，从客观上案件事实的角度进行考量，如果内幕信息知情人员知悉内幕信息，并且在内幕信息的敏感期间内存在超乎寻常的证券买卖行为，就可以从客观上推定该行为人是在利用内幕信息进行证券买卖行为。

证明行为人是否利用内幕信息进行证券买卖活动是一个主观上需要证明的事实，但是，在刑法领域中，对于主观上的构成要依据客观的案件事实推测。因此，对于证券内幕交易犯罪是否以“利用内幕信息”为必要的要件，笔者认为，内幕信息应当以利用内幕信息为必要。客观上事实能够支持内幕信息知情人员利用内幕信息才进行证券交易就能够证明该行为人利用了内幕信息，知悉内幕信息是改变其投资决策的关键性因素。从内幕交易犯罪所保护的法益角度来讲，设置内幕交易罪是为了维护证券市场中公平交易的原则，破坏证券市场公平原则主要是因为少数的证券投资者具有信息上的相对优势并且在真实的交易中利用了这种优势。因此，如果行为人没有利用该内幕信息就不能够认定其构成内幕交易犯罪。对此持否定意见的学者认为，如果将“利用内幕信息”作为证券内幕交易罪的一个必要条件将导致内幕信息知情人员可以其并没有利用内幕信息作为抗辩的理由。笔者认为，如果行为人以此抗辩，则其抗辩的理由是不充分的。理由在于：在内幕信息的敏感期间之内，首先，内幕信息知情人员知悉该信息属于尚未对外公开的重要信息。其次，其购买了一定数量的该上市公司的股票，并因此获取了大量的经济利益。从这两点就可以证明，该行为人是利用内幕信息进行证券买卖行为的，其投资决策和受益结果都是因为其知悉内幕信息并利用内幕信息进行证券买卖活动导致的。知悉特定上市公司的内幕信息与购买该上市公司的股票必然具有重大的联系，信息的内容将影响公司投资者的投资决策。利好的信息必然会使投资者大量购买该公司的股票；相反，不利的信息将导致投资者大量卖出该公司股票。内幕信息获取与投资决策改变本身就具有盖然性的因果关系。对于证券内幕交易罪来讲，只要能够证明以上两个事实的存在，就可以证明该行为人利用了内幕信息在进行证券交易行为。

二、以“利用内幕信息”为必要条件的理由

内幕交易犯罪必须要以“利用内幕信息”为必要条件，即只要能够客观证明知悉内幕信息与利用内幕信息进行证券买卖行为两项活动具有因果关系，就能够当然地认为行为人的行为构成内幕交易犯罪。而“利用内幕信息”是构成犯罪的必要条件，理由如下：

（1）从内幕交易犯罪的法律规定上来讲，无论是典型的内幕交易行为，即自己实施内幕交易行为，还是泄露内幕信息的行为，如建议他人实施内幕信息的行为，其共同的特征表现为：都是存在内幕信息的知情人员实施证券交易行为；都是在内幕信息敏感期间内，存在内幕信息知情人员本人或者由内幕信息知情人员帮助的人员实施证券买卖行为。可见，内幕交易犯罪

进行证券买卖的行为的依据都是知悉内幕信息，且投资决策的依据就是其事先获取了证券内幕信息。只有利用了内幕信息的信息优势并进行证券内幕交易的，才能认定该行为构成证券内幕交易罪。内幕信息知情人员即使获取了内幕信息，但并没有利用这种信息上的优势的，则证明该行为人的行为并不构成内幕交易犯罪行为。例如，行为人是某上市公司的高级管理人员，在某信息产生之前，其已经对公司的未来发展状况有了一个准确的预测，并且在之前已经利用此信息进行了大量的证券购进行为。在此不久之后，预测的信息实现了。对于这个案件来讲，行为人的行为并不构成证券内幕交易犯罪。理由在于：行为人利用的信息是其经过努力的工作预先性获取的，并没有利用内幕信息进行证券获益行为，其获益的依据是其本人预测的信息，而并不是内幕信息。因此，其不构成证券内幕交易犯罪。从我国规制内幕交易行为的法律上来讲，禁止利用内幕信息的优势进行证券交易行为是刑法及相关立法的立法原意。

（2）从内幕交易犯罪所保护的法益来讲，利用内幕信息进行证券交易行为是构成内幕交易罪的必要条件。内幕交易犯罪所保护的法益是证券市场中平等交易的原则、投资者的财产权利及证券市场中的证券市场秩序。破坏这种秩序以及证券投资者平等交易的原则的根源就在于内幕信息知情人员利用了内幕信息。如果没有利用内幕信息进行证券买卖行为的，则内幕信息知情人员的证券交易行为与一般投资者并没有不同。内幕信息知情人员在内幕信息的敏感期间进行大量的、非常规的证券买卖行为足以证明其侵犯投资者平等交易的原则。知悉内幕信息与利用内幕信息、利用内幕信息进行证券买卖行为具有必然的联系。例如，甲是某上市公司的内幕信息知情人员，其利用身份获取了信息上的优势，但其并没有利用此信息进行证券买卖行为，只是购买了其他企业的证券。因此，此案例中的行为人就不构成内幕交易罪。理由在于：其并没有利用内幕信息并因此而获益，也没有侵犯证券内幕交易犯罪所保护的法益。

（3）知悉内幕信息、利用内幕信息、利用内幕信息进行证券交易行为具有盖然性的因果关系。从一般人的角度来讲，某行为人知悉内幕信息，成为内幕信息的知情人员的身份之后，在内幕信息的敏感期间内进行大量的证券买卖行为，这些行为之间必然具有盖然性的因果关系。在经济学中存在一种假定，即所有的投资者的投资行为都是理性的。因此，从纯经济学的角度来讲，内幕信息的知情人员利用内幕信息进行证券买卖活动是一种理性的行为。证券交易行为也是一种经济行为，每个人实施或改变其投资决策时都是以获益为目的。因此，当某人知悉内幕信息之后，在内幕信息尚未公开之前大量的购买该上市公司的证券，足以证明该行为人是利用了内幕信息进行证券买卖行为。此时就不再需要证明该行为人是否利用了内幕信息。此外，针对另外一些学者的观点，其认为如果将“利用内幕信息”作为证券内幕交易犯罪的必要要件，则可能存在一些犯罪嫌疑人、被告人会以其并没有利用该内幕信息作为抗辩的理由。笔者认为，被告人、犯罪嫌疑人是否利用了内幕信息的问题是一个涉及当事人的主观问题，证明起来存在较大的难度。另外，正如前所述，在信息的敏感期间内，内幕信息知情人员大量购买该上市公司的股票的情况足以证明行为人是在利用内幕信息进行证券交易，这是一个比较符合一般人观点的解释。

综上所述，笔者认为，内幕交易罪应当以“利用内幕信息”作为证券内幕交易罪的必要构成要件。根据该罪设置的立法目的，内幕交易罪的设置是为了维护证券市场公平交易的原则，而破坏这种正常秩序的行为主要的一个原因就是内幕信息的知情人员利用为一般投资者所不知的内幕信息进行了证券内幕交易行为。

在典型的内幕交易犯罪行为的认定中，除了要符合情节严重以外，另外一个问题就是判断行为人是否利用了内幕信息进行证券交易行为，如果行为人并未利用内幕信息，则不能够认定该行为人构成证券内幕交易罪；而如果能够证明行为人利用内幕信息进行了证券交易行为，则可以认定行为人的行为构成内幕交易罪。

第二节　泄露内幕信息行为的认定

所谓泄露内幕信息的行为是指信息的知情人员将内幕信息泄露给除内幕信息以外的人员的行为，只要行为人具有内幕信息知情人员的身份，其实施的泄露内幕信息的行为就可以认为是证券内幕交易行为。但是，根据我国目前司法实践的通常做法，泄露内幕信息的行为主体可以是内幕信息知情人员也可以是非内幕信息的知情人员，只要其实施了泄露内幕信息的行为就可以认定该行为是证券内幕交易行为。信息的泄露者与信息的接收者是来源于美国的一个传来概念，在美国，信息的泄露者与信息的接收者都是内幕信息的知情人员。从这一点上可以看出，在美国，信息的泄露者必须是内幕信息的知情人员，其获取内幕信息的准确性极高。在这种情况下，如果某行为人并非是内幕信息知情人员，其只是根据其专业、技能推测出公司目前现状及未来的一些行动的信息，并将该信息泄露给其他人员，而客观上其推测的内容与该公司的现状具有较大的一致性的，按照我国司法实践中的做法，该行为人也构成证券内幕交易犯罪；而按照美国相关的法律及判例，该种行为由于泄露信息的人员并非是内幕信息的知情人员，因此并不能构成内幕交易犯罪。同样都是关于泄露内幕信息的行为，在中、美的法律中却存在定性上的差异。按照我国司法实践中的通常做法，将通过努力工作具有专业知识的人员的工作成果作为犯罪的一种形式显然不具有合理性，而且这种泄露行为应当被排除在犯罪行为之外的。另外，在很多情况之下，信息的传递具有连续性的情况，内幕信息的接收者与内幕信息的泄露者往往是同一个人。在这种特定的情况下，是否也应当认为泄露内幕信息的行为构成证券内幕交易犯罪，目前在我国学术界及立法、相关司法解释中尚无明确规定，存在法律空白。随着信息的传递使存在信息的真实度逐渐降低的特性，也会导致信息的接受者对此信息是内幕信息的客观状况并不知情。也就是说，信息的泄露者对自己知悉的内幕信息的客观真实情况并不知情。对于信息的接收者而言，其可能并不知道自己获取的信息是内幕信息。因此，对于其客观上泄露内幕信息的行为并不能认为是证券内幕交易犯罪行为。例如，甲是某上市公司的高级管理人员，其将获取的内幕信息泄露给乙，而乙在获取内幕信息之后，将信息传递给丙，但在泄露内幕信息之时其并没有告知信息的来源。而丙在客观上获取内幕信息之后又将信息传递给丁。在这个案例中，甲泄露内幕信息的行为必然构成证券内幕交易罪，因其作为公司的高级管理人员，明知获取的信息是尚未公开的重要信息，但却仍将此信息泄露给其他人。因此，甲的行为符合泄露内幕信息的行为，乙的行为也应当构成泄露内幕信息的行为。理由在于：乙从内幕信息知情人员甲处获取了第一手的资料，其通过对甲在该上市公司地位的了解，有理由相信该信息是真实的、可靠的。因此，乙的行为也应当符合泄露内幕信息的行为。但是，对于丙的泄露内幕信息的行为不应当认定为证券内幕交易犯罪。理由在于：虽然丙客观地获取了内幕信息，但其自身对于获取内幕信息客观情况并不知情，对获取信息的真实性并不肯定。从这个角度来讲，丙的行为并不构成证券内幕交易犯罪。在我国的相关立法及司法解释中并没有对泄露内幕信息的行为进行过于细化的规定，这种情况的存在将导致司法实践中认定的混乱。为了避免司法认定中存在的混乱，笔者认为，应当对泄露内幕信息主体及信息连续传递的情况进行明确的规定。

泄露内幕信息的行为是内幕交易罪的另外一种行为模式，从各个国家的立法上来看，泄露内幕信息的行为都被认为是内幕交易犯罪行为的一种模式。在美国的司法实践中，其理论上认为内幕交易犯罪的主体包括泄露内幕信息的人和接收内幕信息的人。泄露内幕信息和接收内幕信息是一个对合的概念，存在泄露内幕交易的行为就必然存在接收内幕信息的行为。这种情况的存在导致泄露内幕信息的行为可能存在一个连续的过程，一些内幕信息的接收者也可能是泄露内幕信息的行为人。因此，对于泄露内幕信息的行为应当分情况进行探讨，最起码涉及三个问题：一是内幕信息知情人员泄露内幕信息行为的认定问题；二是接收第一手资料的信息接收者泄露内幕信息的行为；三是除了接收第一手资料的信息接收者泄露内幕信息的行为。这三种情况虽然存在较大的相似性，但也存在细微的差别，正是这种细微的差别导致认定上存在较大的不同。而在我国的司法实践中，却未针对这种差别进行详细的规定，其认为泄露内幕信息行为的主体既包括内幕信息知情人员也包括非内幕信息的知情人员。对此，笔者认为，对于泄露内幕信息行为进行细致的探讨是有必要的。

一、美国、欧盟国家相关的规定

在美国相关的立法及判例中，泄露内幕信息与接收内幕信息是一个对合行为，存在泄露内幕信息行为就必然存在接收内幕信息的行为，二者相互存在，不可分离。“所谓泄露内幕信息，是指内幕人在不具有法定原因的情况下，将内幕信息公开化，通过明示或暗示、书面或口头等方式，透露、提供给其他人的行为。”〔1〕在美国，根据内幕信息传递责任理论，泄露内幕信息的行为人只有在期待信息接收者利用此信息进行证券内幕交易行为时，才应当对泄露内幕信息的行为承担相应的刑事责任。以上理论要求行为人必须对泄露内幕信息的行为具有责任，即其并不是存在单纯客观的泄露行为，还具有期待信息接收者实施证券内幕交易的行为，只有具备行为与主观上的责任，才能认为泄露内幕信息的行为构成证券内幕交易罪。如果内幕信息知情人员泄露内幕信息的行为具有正当的目的，则行为人的行为不构成证券内幕交易罪。例如，内幕信息知情人员将内幕信息传递给金融分析师，其泄露的目的是让金融分析师对行业的状况进行分析并出具分析报告。此行为中，内幕信息知情人员泄露内幕信息行为具有正当的目的，该行为并没有恶意。由此可见，此行为并不构成证券内幕交易犯罪行为。在美国的司法实践过程中，一些具有正当目的的泄露内幕信息的行为可以排除适用内幕交易罪规制的条款。因此，对于泄露内幕信息行为的主观方面，在美国的立法中，应当以对泄露内幕信息行为具有责任为必要条件。

以上所探讨的问题是在泄露内幕信息行为判断中是否要求

〔1〕 刘宪权、谢杰：《证券期货犯罪刑法理论与实务》，上海人民出版社 2012 年版，第 199 页。

行为人对传递信息的行为具有责任的问题。关于泄露内幕信息的第二个问题是泄露内幕信息的行为是否要求行为人的泄露行为以获利为目的，即泄露内幕信息的行为是否应当以内幕信息知情人员具有获利的目的。在美国，泄露内幕信息行为要求行为人以获益为目的。“信息传递人只有在为了获得直接或者间接的个人利益而传递内幕信息时，才构成对信义义务的违反，进而受到禁止内幕交易法律的规制。所谓个人利益包括：（1）金钱利益；（2）名誉上的利益；（3）获得互惠信息的期望；（4）将内幕信息作为礼物告诉亲戚朋友后产生良好心理感受。”〔1〕金钱上的利益是指信息知情人员以泄露内幕信息作为对价与信息接收者之间达成协议，以泄露内幕信息的行为收取一定的金钱上的利益。而名誉上的利益则是指内幕信息知情人员以泄露内幕信息作为未来获取收益的对价，即在未来的某个时点能够接收信息接收者一定的好处、利益。而获得互惠信息的期望则是指以泄露内幕信息为代价，获取对方公司内幕信息的期望。这种行为可以看作是一种利益上的互换。例如，甲、乙分别是两个不同公司的内幕信息知情人员，甲为了获取乙公司的内幕信息而将自己公司的内幕信息泄露给了乙。将内幕信息作为礼物泄露给亲戚朋友则是为了心理上的满足，这是一种精神上的利益。美国的司法实践中以“获取相应的利益”作为构成泄露内幕信息的一个必要条件，其要求行为人泄露内幕信息具有获利的目的。另外，还存在一个问题就是站在信息接收者的角度而言，泄露信息的行为是否构成证券内幕交易罪是否以接收内幕信息的人员实施了证券交易为必要。这个条件在美国的立法中没有进行明确的规定，只要行为人实施了泄露内幕信息的行为并具

〔1〕 Willian Wang, Marc Steinberg, *Insider Trading*, 3rd editon, Oxford Unitersity Press, 2010, p. 390.

有获利的目的，则无论接收信息的行为人是否实施了证券交易行为，对于泄露内幕信息的人员都构成证券内幕交易罪。所以，接收内幕信息的人员其是否进行证券内幕交易行为都不影响泄露内幕信息行为人承担相应的刑事责任。这种立法规定体现了刑法领域中一个基本的原则就是行为人行为自负的原则，对于行为人刑事责任的判断要依据行为人行为时自身的状况，而不是依赖他人行为的状况作为判断行为人的刑事责任问题。另外，在美国相关的判例中，对于泄露内幕信息存在连续性的状态也存在明确的规定。在内幕信息主体问题研究部分中，美国将泄露内幕信息人与接收内幕信息人同时规定为内幕信息知情人员，二者都是内幕交易犯罪的适格主体。从这个角度来讲，如果内幕信息知情人员将信息直接泄露给行为人，行为人直接获取内幕信息之后又将此信息泄露给他人的，行为人再次泄露内幕信息的行为应当构成证券内幕交易罪。理由在于：根据美国相关的立法及判例，其认为接收内幕信息的人员属于内幕交易犯罪的主体，而其以获利为目的故意将获取的信息再一次传递给他人的行为与内幕信息知情人员直接泄露内幕信息的行为并无区别。因此，对于从内幕信息知情人员手中获得第一手资料的行为人，由于其获取信息的途径、方式能足以证明该信息是准确的、可靠的，因此，将其视为是内幕信息的知情人员的规定具有一定的合理性。对于泄露内幕信息的行为与再次泄露内幕信息的行为都应当按照内幕交易犯罪的一般性立法的规定。在美国，内幕交易罪的犯罪主体应当界定为特殊主体，而行为模式的不同也不会改变内幕交易犯罪是特殊主体实施的特定行为的事实。认定泄露内幕信息与再次泄露内幕信息的行为都必须从行为人主体角度进行判断，如果泄露行为与再泄露行为并不是由内幕信息知情人员实施的，则不能认为该行为构成证券内幕交易犯罪。也正是由于这一点，在美国的证券相关的法律中，对于内幕交易罪主体的规定，将泄露内幕信息的人与接收信息的人员同时规定为内幕信息的知情人员。这样的规定与美国司法实践中认定情况存在一致性。

综上所述，对于泄露内幕信息的行为，美国采取的认定标准是泄露内幕信息的内幕信息知情人员必须以获利为目的，即必须对泄露行为具有责任，而不去关注接收内幕信息的行为人是否利用此内幕信息进行证券交易。对于再泄露内幕信息的认定主要要结合内幕交易主体问题进行探讨。不符合内幕交易犯罪主体的规定，就不会构成泄露内幕信息的行为和再泄露内幕信息的行为。

在欧盟国家，对于泄露内幕信息的行为也存在明确的规定，在欧盟《禁止市场滥用条例》中规定，对于泄露内幕信息的人员的行为，不必去关注其泄露行为的主观是否有过错，也不去关注接收内幕信息的行为人是否利用了内幕信息进行证券交易行为，只要内幕信息知情人员将获取的符合内幕信息认定标准的信息泄露给知情人员以外的社会公众，就能够认定其构成内幕交易罪。可见，在欧盟指令中，对于泄露内幕信息行为的判断主要是从客观角度来认定，其不会去关注泄露内幕信息的行为是否具有获利的目的。从客观的行为的角度来看，只要内幕信息的知情人员非因法定的原因向除了知情人员以外的人泄露内幕信息就构成内幕交易罪。在认定泄露内幕信息的行为认定的过程中，无需考虑行为人主观上是否具有获利的目的。这个规定减轻了控方对于内幕交易行为的证据要求，即控方不必去证明行为人实施泄露行为是为了自己获益的目的，也不用去证明接收内幕信息的人员是否具体实施了证券交易行为，而仅仅需要证明内幕信息知情人员泄露内幕信息的行为是非正当的行为即可。另外，与美国立法具有相似的规定，就是泄露内幕信息的行为不以接收内幕信息的人员实施证券交易行为为必要。

二、我国关于“泄露内幕信息行为”的规定

泄露内幕信息的行为在我国理论界的研究中也存在较大的争议，从我国目前的法律规定上来讲，尚存在较大的缺陷。根据我国《刑法》规定，泄露内幕信息的行为，达到情节严重的行为才构成犯罪。《证券法》中也要求内幕信息知情人员在信息尚未对外公开之前，不得进行相关的证券买卖活动，如果行为人实施了此行为并且达到情节严重的情形的，应当按照《刑法》的规定追究其刑事责任。根据以上的规定，可以看出，在我国泄露内幕信息的行为，情节严重的，才能认为是构成犯罪。《两高关于办理内幕交易、泄露内幕信息刑事案件具体应用法律若干问题的解释》第 6 条规定：“在内幕信息敏感期从事或者明示、暗示他人从事或者泄露内幕信息导致他人从事与该内幕信息有关的证券、期货交易，具有下列情形之一的，应当认定为刑法第一百八十条第一款规定的‘情节严重’：（一）证券交易成交额在五十万元以上的；（二）期货交易占用保证金数额在三十万元以上的；（三）获利或者避免损失数额在十五万元以上的；（四）三次以上的；（五）具有其他严重情节的。”〔1〕由此可见，认定该行为构成情节严重的也需要一定的标准。另外，与美国相关的立法规定不同的一点在于，我国法律及相关司法解释中并没有规定泄露内幕信息的行为要求行为人以获利为目的。也就是说，只要行为人实施了泄露内幕信息的行为，其是否具有获利的目的或者说其是否客观上获利都不影响内幕交易

---

〔1〕 参见《最高人民法院、最高人民检察院关于办理内幕交易、泄露内幕信息刑事案件具体应用法律若干问题的解释》第 6 条。

犯罪的构成。根据该《解释》的规定，泄露内幕信息的行为成立犯罪要求接收内幕信息的行为人实施了证券交易行为，如果接收内幕信息的行为人并没有实施证券内幕交易行为，则泄露内幕信息的行为并不构成证券内幕交易犯罪。在我国的立法中存在的奇特现象是：泄露内幕信息的行为是否构成犯罪的判断并非仅依靠对其本人自身情况的判断，而是要依靠接收内幕信息人员未来的行为。接收内幕信息行为人实施证券内幕交易行为并且其证券交易成交额或期货交易占用保证金数额、获利或者避免损失金额达到规定的标准才能认为泄露内幕信息的行为构成犯罪。在刑法领域中能够存在的一个基本原则就是罪责自负原则，行为人应当仅仅对自己所实施的行为负责并承担相应的刑事责任。而在对泄露内幕信息的行为的认定问题中，泄露内幕信息行为人的刑事责任要依靠接收内幕信息的行为人的未来的行为，这显然是不合理的。当然，情节严重的另外一种体现是实施了三次以上该行为。也就是说，如果泄露内幕信息的行为人实施了三次以上的泄露行为就能认定该行为构成证券内幕交易犯罪。这种规定主要是从行为人自身的状况来判断其是否构成犯罪的状态的，这样的规定具有一定的合理性。综上所述，笔者认为，对于情节严重的判断要依据行为模式的不同选择适用不同的标准。对于内幕信息知情人员自己实施证券交易的行为，应当按照证券交易成交量、获利或者避免损失的金额来判断。而泄露内幕信息的行为或者建议他人实施内幕交易行为的情节严重的判断应当根据行为人行为自身的状况进行判断，依据别人的行为状态来判断泄露内幕信息行为人以及建议人的刑事责任问题是不合理的。比较我国与美国、欧盟指令的规定，我国的规定尚存在不合理之处。在美国、欧盟指令中，并不存在以他人行为状态判断泄露信息人的行为定性、刑事责任作为判断依据的情况。可见，我国现行的规定存在明显违背刑法基本原则的情况。

三、泄露内幕信息行为完善建议

针对以上所述之缺陷，笔者认为，应当首先明确的问题就是泄露内幕信息的人员与接收内幕信息的人员是一个对合的概念，二者相互依存。同样，泄露内幕信息的行为与接收内幕信息并实施证券内幕交易行为是两个不同的行为，都是对证券内幕交易犯罪法益的侵害。但是，二者的行为模式不同，导致行为表现也存在较大的差异。接收内幕信息人员利用内幕信息进行证券买卖的行为与典型的内幕信息知情人员进行证券交易行为并没有差别，其可以依据证券交易的成交金额、获利或者避损金额来判断自身情节严重的状况。也就是说，对于本人实施证券内幕交易行为的人员，其情节严重的表现主要依据的是量化的标准，而三次以上实施内幕交易行为也是这种行为模式下情节严重的表现。但是，对于泄露内幕信息的行为，证券交易的成交量、获利或者避损的金额就不可以成为其判断行为是否达到情节严重的标准。理由在于：在这种情况下，证券交易的成交量、获利或者避损的金额并不是由泄露内幕信息人员自身所能决定的，其并没有直接参与到内幕交易活动。因此，证券交易的数额等情况不能说明泄露内幕信息的社会危害性。笔者认为，应当区分内幕交易犯罪不同的行为模式设置不同的情节严重的情形，真正地做到行为自负的原则。除此以外，笔者认为，泄露内幕信息的行为应当以获益为目的，而具体获益的行为也应当参照美国的立法模式区分不同的获益种类，只要实施泄露内幕信息的行为符合法律规定的获益种类就应当认为该泄露内幕信息的行为符合内幕交易犯罪的构成要件。

另外，还应当明确的一个问题就是对于再泄露行为的认定。在某些情况下，泄露内幕信息的行为存在信息连续传递的情况。信息的接收者可能在接收内幕信息之后再一次传递该内幕信息。因此，可以说泄露内幕信息的行为是一个连续的行为，而我国对这一行为并没有进行明确的规定。在我国的立法中仅仅规定了行为人本人实施证券内幕交易行为、泄露内幕信息的行为以及建议他人实施内幕交易的行为，并没有对再次泄露内幕信息的行为进行明确的规定。这样的局面导致对再次泄露内幕信息的行为的定性只能根据泄露内幕信息的行为进行认定。而对于再进行泄露内幕信息的行为应当区分行为人的身份状态，即实施再次泄露内幕信息的行为人是从内幕信息知情人员获得第一手资料的人。那么，应当认定该信息接受者为内幕信息知情人员，其进行泄露内幕信息的行为应当被认定为构成证券内幕交易罪，且应当承担相应的刑事责任。例如，甲从某上市公司的财务总监乙手中获得了某上市公司关于经营决策改变的内幕信息，之后甲又将此信息泄露给了丙，则甲的行为应当构成证券内幕交易罪。理由在于：其作为从内幕信息知情人员手中获得第一手资料的人员，取得信息的机会或者准确性都高于从间接内幕信息知情人员手中获得的信息。因此，可以将此类人员视为内幕信息知情人员，其实施的泄露内幕信息的行为自然应承担相应的刑事责任。“2007 年 6 月，谭某在向李某汇报公用科技公司筹备资产重组事宜时提到公用科技股价会上涨，建议李某让其丈夫林某购买。同年月中旬，谭某在办公室约见刘某，向其泄露有关公用科技公司资产重组的内幕信息，并建议其出资购买公用科技股票。同年 6 月下旬，李某在家中向其丈夫林某泄露了上述内幕信息，并委托林某购买了 200 万元的公用科技股票。被告人刘某共筹集款项合计 677 万元，并借用他人的名义办理了证券交易开户手续，让朋友负责买卖公用科技股票。2007 年 6 月 29 日至 7 月 3 日期间，上述两个证券账户在公用科技股票停牌前累计买入 89.68 万股，买入资金 669 余万元。后于 2007 年 9 月 18 日至 10 月 15 日陆续卖出，账面收益 1983 余万元。”[1]在这个案例中，谭某是上市公司内部人员，属于公司内幕信息的知情人员。因此，其将内幕信息泄露给刘某的行为，应当构成泄露内幕信息行为模式的内幕交易罪。而刘某作为从内幕信息知情人员获取第一手资料的人员，其也应当被认定为内幕信息知情人员，也是内幕交易犯罪的主体，其实施泄露内幕信息的行为也应当构成内幕交易罪。但是，如果从刘某手中获取内幕信息的人员再一次实施了泄露内幕信息的行为，则不应当再认定为内幕交易罪。在我国的理论界，对于再次泄露内幕信息的行为是否应当构成内幕交易罪尚存在较大的争议。持有肯定说的学者认为：“只要是非内幕信息人员以非法手段获取内幕信息后实施再泄密的行为就构成泄露内幕信息犯罪行为，不管其是主动获取还是被动获取。但非内幕信息人员偶然获知内幕信息后再向他人泄露内幕信息的，不构成泄露内幕信息犯罪行为。”[2]而持有否定说观点的学者则认为，再泄露内幕信息的行为是否构成证券内幕交易犯罪主要的关注点在于实施再次泄露内幕信息行为人获取内幕信息的方式。如果非内幕信息知情人员是以非法的方式而知悉内幕信息的，则行为人再次泄露内幕信息的行为构成内幕交易罪；反之，如果非内幕信息的知情人员是以合法的、偶然的方式获取内幕信息的，则其实施的

---

〔1〕 徐志伟主编：《破坏社会主义市场经济秩序罪》，中国民主法制出版社 2015 年版，第 251 页。

〔2〕 莫洪宪主编：《证券犯罪理论与侦查实务研究》，中国方正出版社 2005 年版，第 162 页。

再一次泄露内幕信息的行为不构成内幕交易罪。除此以外还存在一种观点，其认为："非内幕信息人员以非法手段积极主动获取内幕信息后，建议他人从事交易行为或者再泄露内幕信息的行为，构成泄露内幕信息犯罪行为；非内幕人员以非法手段以非法手段消极被动获取内幕信息后，建议他人从事交易行为或者再泄露内幕信息的行为，不构成泄露内幕信息犯罪行为。"〔1〕对此笔者认为，针对以上几种观点的阐述，围绕的是以下几个问题：一是何为非法获取的问题；二是泄露内幕信息的行为主体是否是内幕信息知情人员的问题。首先，对于"非法获取内幕信息的行为"的认定，在之前内幕交易主体问题研究的问题已有了详细的探讨。在此，对于再次实施内幕信息行为的定性存在较大争议的其中一个原因就是学者对于"非法获取内幕信息行为"的理解不在一个层面上。有些学者认为"非法获取内幕信息"是指以非法手段获取内幕信息；而另一些学者则认为，"非法获取内幕信息"行为是指除了合法获取内幕信息以外的情况。对于"非法获取内幕信息行为"的理解存在不一致的情况导致了对于再泄露内幕信息的定性存在较大的差别。另外引起争议的一个问题就是再次泄露内幕信息的行为主体是否应当具备信息知情人员的主体资格。笔者认为，内幕交易犯罪是特殊主体实施的犯罪，无论是内幕信息知情人员还是以非法方式获取内幕信息的行为，其都是只有特殊主体才能实施的行为。而泄露内幕信息的行为、再次泄露内幕信息的行为、建议他人实施内幕信息的行为都是内幕交易犯罪的一种行为模式，因此，只有具有内幕信息知情人员的身份或者以非法方式获取内幕信息的主体才能够成为这些行为的行为主体。非内幕信息知情人

〔1〕 张军主编：《破坏金融管理秩序罪》，中国人民公安大学出版社 1999 年版，第 277 页。

员具有泄露内幕信息的行为、再次泄露内幕信息的行为、建议他人实施内幕信息的行为的，都不构成证券内幕交易罪。因此，对于再次泄露内幕信息行为的认定，主要围绕一个问题，即如果再次泄露内幕信息的主体并非是内幕信息知情人员或其并非实施了非法获取内幕信息的行为，则该再次泄露内幕信息的行为不构成证券内幕交易罪。当泄露内幕信息存在连续的状态之时，内幕信息知情人员和直接从内幕信息知情人员或者直接从非法获取内幕信息的人员手中获取第一手资料的人员，都可以成为泄露内幕信息行为或者再次实施泄露内幕信息行为的主体。

第三节　建议他人实施内幕交易行为的认定

建议他人实施内幕交易的行为在我国《证券法》中被视为是证券内幕交易犯罪的一种行为模式，具体规定在《证券法》第 70 条和第 183 条。但是，在学术界，对于建议他人买卖证券的行为的定性问题尚存在较大的争议。持有“肯定说”观点的学者认为，建议他人实施证券内幕交易的犯罪行为，情节严重的应当以内幕交易罪论处。“建议他人从事内幕交易的行为属于泄露内幕信息的行为的一种。”〔1〕而持有“否定说”的学者则认为，建议他人实施证券内幕交易的犯罪行为的，不应当构成证券内幕交易罪。另外，对于建议他人实施证券内幕交易行为构成证券内幕交易的要件，即对于建议他人实施证券内幕交易的行为，情节严重的行为。建议他人实施证券内幕交易行为，对于情节严重的判断是非常关键的。也就是说，建议他人实施内幕交易行为并非是自己实施内幕交易行为。证券内幕交易犯

---

〔1〕 赵秉志、陈志军：“证券内幕交易犯罪若干问题比较研究”，载《比较法研究》2005 年第 3 期。

罪行为是经济犯罪行为，一般对于经济犯罪情节严重的判断主要是从行为所侵犯的经济利益入手。侵犯经济利益的多少是判断经济犯罪的主要依据。证券内幕交易犯罪也同样如此，该罪无论从立案标准还是入罪标准来讲，关注的主要都是经济损失，以经济上的损失作为判断经济犯罪社会危害性的主要依据。但是，建议他人实施内幕交易犯罪行为的情况有所不同，建议他人实施犯罪行为的主体虽然是内幕信息知情人，但其个人并没有实施具体的证券内幕交易行为。对于这种主体，是否也应当以经济损失作为判断其具有情节严重的唯一标准。换句话说，在判断行为人建议他人实施内幕交易行为时，是否以被建议人实施了证券内幕交易行为，并达到情节严重的标准之时，才能认为建议人应当承担刑事责任。针对建议他人实施内幕交易行为的定性问题，还需要关注的一个重要问题就是教唆犯，建议他人实施犯罪行为并为其实施犯罪提供便利条件，怂恿他人实施犯罪行为的应当结合教唆犯理论进行探讨。综上所述，建议他人实施证券内幕交易犯罪的行为模式存在很多争议需要进行探讨，但主要都是围绕对建议他人实施内幕交易行为这种情况进行定性的问题。

根据我国刑法分则的相关规定，在破坏金融管理秩序罪中的一系列规定中，存在一些与证券内幕交易犯罪相类似的犯罪行为。这些行为除了在犯罪行为的表现形式上存在较大的差异以外，其个罪所保护的法益也存在较大的差异。但是，也存在一些犯罪与证券内幕交易犯罪有较大相似性的现象。例如，利用未公开的信息交易罪、编造并传播证券交易虚假信息罪、操纵证券、期货市场罪等。这些犯罪行为与证券内幕交易犯罪仅仅存在微小的差别，即某个构成要件要素上的不同。例如，证券内幕交易犯罪与利用未公开的信息交易罪之间最为明显的差别就在于其行为客体上的差别。内幕交易罪的行为客体是内幕信息，而利用未公开的信息交易罪的行为客体则是尚未公开的除了内幕信息以外的信息。对于侵犯社会主义金融市场犯罪中此罪与彼罪之间的认定是一个重要的问题，其各个罪名对于社会所侵害的程度不同导致具有不同程度上的社会危害性。因此，对于这类犯罪有必要对于此罪与彼罪的认定、罪与罪之间的界限问题进行详细的探讨。这既有利于对金融市场秩序进行有力保障、对人民财产权利进行有力保护，也有利于对犯罪嫌疑人、被告人权利的保障。

建议实施内幕交易行为与泄露内幕信息行为具有较大的相似之处，建议他人实施内幕交易行为指实施建议行为的人并不直接参与到证券交易的过程中。“所谓建议他人实施内幕交易行为，是指内幕人在知悉内幕信息的基础上，向他人提供咨询或者推荐意见，使其进行证券交易的行为。”〔1〕从以上定义可以看出，构成建议他人实施证券内幕交易行为必须符合以下几个要件：其一，实施建议行为的主体必须是内幕信息的知情人员，这是对实施建议行为主体上的要求。不具有内幕信息知情人员的主体资格或者不具有非法获取内幕信息的行为的，不能成为建议他人实施证券内幕交易行为的主体。其二，实施建议他人实施证券交易的行为对他人实施的证券交易行为具有建议、怂恿作用的，具有使他人实施证券交易的主观意图。实施建议行为的人员利用知悉内幕信息的优势，建议、唆使他人实施证券内幕交易行为。从这一点上可以看出，实施建议他人实施内幕交易的行为与泄露内幕信息的行为还是有差别的。实施建议他人实施内幕交易行为的，在行为的过程中，行为人并不会泄露

〔1〕 于莹：《证券法中的民事责任》，中国法制出版社 2004 年版，第 206 页。

内幕信息，只是利用其获取的信息优势怂恿他人实施。也就是说，实施建议行为的人员是知悉内幕信息的，而被建议实施证券交易的行为人对内幕信息并不知情。“泄露内幕信息多是直白的，泄露人直接告知对方信息的具体内容，信息泄露人对他人的投资决定并未发表意见，因泄露而获知信息的人是否进行证券交易取决于其自身的判断。建议行为可能不涉及内幕信息的具体内容，而是建议人根据自己对信息的了解，对他人的投资决定发表意见，建议他人买入或者卖出相关证券。”〔1〕建议实施内幕交易行为不同于泄露内幕信息的行为，实施建议行为主要的目的是为了让他人实施内幕信息交易行为，在这个过程中，行为人并没有向他人泄露内幕信息或者向他人明确自己知悉内幕信息的行为。因此，从这个角度上来讲，应当注重区分泄露行为与建议行为。

一、美国、欧盟国家关于建议行为的认定

在美国相关的立法及判例中，对建议他人实施内幕交易的行为存在明确的规定，其相关的法律及判例明确规定建议内幕交易行为的构成要件，只要行为人的行为符合构成要件的规定，行为人就应当为其行为承担相应的刑事责任。在认定的过程中，还有一些问题需要进一步的明确。首先第一个问题就是，建议他人实施内幕交易行为是否以建议人具有获益的目的为必要。对于这个问题，美国司法实践中的通常做法是认为应当以建议人获益为目的。如果行为人建议他人实施证券交易之时，并没有以获益为目的，则该行为不构成证券内幕交易犯罪。在这一点上，建议他人实施内幕信息行为与泄露内幕信息行为具有相

〔1〕 肖伟：“论建议性内幕交易”，载《财经法学》2016 年第 2 期。

同之处，其都需要实施特定行为之时主观上要有获益的目的。另外，建议他人实施证券内幕交易行为的，建议人本人并未实施证券内幕交易行为，但是，被建议人是否实施内幕交易行为尚不确定，被建议人可能接受建议人的意见实施了证券内幕交易犯罪，也可能没有接受建议实施证券交易行为。在美国相关判例中，被建议人是否实施了证券交易行为并不影响建议他人实施内幕交易行为的定性。只要行为人以获利为目的，即使被建议人没有实施证券交易行为，建议人也同样应该承担内幕交易罪的刑事责任。而在英国的相关立法中，其并不以被建议人是否接受建议实施内幕交易行为作为建议人刑事责任的判定依据。但是，其要求建议人主观上应当具有过错，即建议人在实施建议实施内幕交易行为过程中有合理的理由相信被建议人将会实施证券内幕交易行为。美国立法要求行为人在实施建议他人实施证券内幕交易行为时，应当以获利为目的。这种利益可以是实际的、经济上的利益，也可能是心理感受良好等无形的利益，甚至可以是可交换的利益。“根据美国判例法，无论被建议人是否知悉内幕人的建议行为违反了信义义务以及被建议买卖的证券与内幕信息相关，均不影响内幕人的内幕交易责任。因为该主观要件只是对被建议人承担内幕交易责任提出的要求，而非对提出买卖建议的内幕人的责任要求，只要被建议人根据该建议交易了相关证券，内幕人即应当承担建议他人实施内幕交易行为的责任。”〔1〕根据刑法的基本理论判断，对于某行为人是否构成犯罪的判断，应当依据行为人自身行为的状况来判断，不能依据行为人行为以外的状况来对行为人自身行为进行判定。也就是说，对于建议人刑事责任的判断要依据建议行为进行判

〔1〕 转引自曹理：《证券内幕交易构成要件比较研究》，法律出版社 2016 年版，第 267 页。

断，而不能以被建议人实施的证券交易行为来判断建议人的刑事责任问题。但是，也存在一些国家将被建议人实施证券交易行为作为建议人刑事责任判断的重要依据。例如，在日本立法中，对于建议他人实施证券内幕交易行为的判断，要依据被建议人是否实施了证券内幕交易行为。如果被建议人没有实施证券内幕交易行为，则建议行为被认为是一种具有危险的行为，但是，其对证券市场的秩序、证券投资者的平等交易原则并没有产生重大影响和危害。而当被建议人实际实施了证券内幕交易行为的，则建议行为由一种具有潜在危险的行为转化为具有实害性的行为的，建议行为就应当承担相应的刑事责任。从日本的立法上讲，其认定建议行为以被建议行为实施了证券交易为必要，更加关注一种实害性的结果。

另外，关于行为人依据知悉的内幕信息建议他人取消或者拒绝交易的行为是否构成证券内幕交易犯罪，美国法律并没有进行明确的规定。但是，从美国相关的法律及相关判例来讲，建议他人实施或者取消证券交易行为均属于建议他人进行相关的证券交易行为。因此，建议他人禁止实施内幕交易行为也应当属于建议他人实施证券交易行为。也就是说，对于建议他人实施内幕交易行为应当结合内幕交易行为的整体规定进行理解。典型的内幕交易行为应当包括利用内幕信息进行交易并且获利行为或者利用内幕信息进行避损行为。因此，相对应地，建议他人实施证券交易行为也应当包括建议他人实施证券内幕交易行为，也应当包括建议他人拒绝交易内幕交易行为，以此来避免损失的行为。而在欧盟国家中，“欧盟法院在对建议他人实施内幕交易行为构成方面，曾经提出‘建议’的行为应当达到足以影响他人决策购买相关金融商品的程度，并且‘建议他人买卖’要求的是积极的建议行为，即建议他人实际购买或者出售相关金融商品，如果是建议他人不要购买或者不要出售，则不构成建议他人实施内幕交易行为”。[1]可见，欧盟法院认为，积极的建议行为，即建议他人实施证券内幕交易行为，这种建议他人实施证券交易的行为应当构成证券内幕交易罪。而消极的建议行为，即建议他人拒绝证券交易的行为不应当构成证券内幕交易罪。

二、我国关于建议他人实施证券交易行为的认定

根据我国相关的法律，我国内幕信息的行为模式包括三种，建议他人实施证券内幕交易行为就是其中的一种形式。即建议他人实施证券内幕交易行为，只有达到情节严重的情况，才能成立犯罪。而对于情节严重的认定，正如前面探讨泄露内幕信息行为的情节严重的规定。按照我国目前法律的规定，情节严重的情况主要是从证券的成交量、获益或者避损的金额、实施内幕交易行为的次数。但是，就以上情节严重的情形中，其中一些情况并非是建议人行为的内容。例如，证券交易的成交量和获利或者避损的金额与建议他人实施证券交易的人员的行为并不存在必然的联系，其行为的危害性程度要依据被建议人是否实施实际的证券内幕交易行为，这本身就具有不合理之处。对于建议他人实施证券内幕交易的行为，应当依据建议人自身的行为进行判断，而依据他人的情况作为建议人刑事责任的判断违法了刑法领域中的基本原则。以他人是否实施某种行为对于行为人的刑事责任进行判断，这种情况本身就不具有合理性。另外，对于建议他人以实施建议行为是否以主观具有获益为目的为必要这一问题，根据我国司法实践的情况来看，行为人在

[1] 主力军：“欧盟禁止内幕交易制度的立法实践及启示”，载《政治与法律》2009年第5期。

实施建议行为的过程中不需要以行为具有获益的目的为必要，也就是说，行为人在实施建议行为即使其不具有获益的目的，也应当为此承担内幕交易罪的刑事责任。

另外，对于建议行为的定性还应当明确一个关键的问题，即泄露内幕信息的行为与建议实施内幕交易行为的区别。在泄露内幕信息这个行为的过程中，泄露行为人将信息所涉及的内容或者将自己掌握内幕信息的行为的情况已经向信息接收者泄露，其泄露的内容可能是内幕信息的具体内容，也可能是涉及泄露信息行为人告知其知悉内幕信息的事实。而建议他人实施内幕信息的行为则是在知悉内幕信息的情况的基础之上，劝诱、怂恿、教唆他人实施证券内幕信息的行为，在这个过程中，行为人并没有告知被建议人内幕信息所涉及的具体的内容，也并没有向其告知其知悉内幕信息的情况。因此，二者之间具有重大的差别，泄露内幕信息的行为涉及信息的泄露的情况，而建议行为并没有涉及内幕信息的内容和其知悉内幕信息的情况。例如，如果行为人甲作为内幕信息的知情人员，其将知悉的内幕信息如信息所涉及的内容、其自身所在公司地位等情况告知乙，对于乙来讲，其有理由相信该泄露内幕信息的内容客观上属于该公司的内幕信息。因此，此行为应当被视为泄露内幕信息行为。而甲只是建议乙买卖某公司的股票，其并没有告知内幕信息所涉及的具体内容和知悉的该公司的行为。从单纯的建议行为来看，该行为可以视为是教唆他人实施证券内幕交易的行为。

三、建议他人实施内幕交易行为的完善建议

建议内幕信息的行为可以被视为一种教唆行为，其在实施建议行为之时并没有让被建议人知道建议人知悉内幕信息的情

况。笔者认为，对于建议内幕信息的行为应当按照教唆犯的一般原则对其刑事责任进行判断。建议人是否应当承担刑事责任，主要关注被建议人是否实施了证券内幕交易行为。但是，这种关注被建议人的行为并非是判断建议他人实施证券交易行为是否具有情节严重的情况，其关注被建议人是否实施内幕交易行为主要是判断建议人是否成立证券内幕交易行为的教唆犯。而建议行为本身并不构成证券内幕交易犯罪，因此其是否应当承担证券内幕交易犯罪的刑事责任，应当依据教唆犯的刑事判断标准，这时主要的关注点就在于被建议人是否实施了证券内幕交易行为，以此判断建议人是否构成教唆犯的共犯。

以上几节是关于内幕交易犯罪行为模式的研究，综上所述，大多数国家关于内幕交易犯罪行为模式大多可以归纳为三种模式：一是典型的内幕交易行为，也可以称为自己实施证券交易的内幕交易行为，此种行为的行为人自己实施了证券内幕交易行为；二是泄露内幕信息的行为；三是建议他人实施证券内幕交易行为。此两种行为的泄露人、建议人本身并未实施证券内幕交易行为，只是利用其自身知悉内幕信息的情况，向他人实施泄露行为或者实施建议他人实施内幕信息的行为。但是，在我国的立法及司法实践中，对于内幕交易犯罪行为的规定及认定尚存在较大的缺陷。对于不同的行为应当根据不同情况作出差别性的、合理性的规定。例如，就“情节严重”情况的规定，以及典型的内幕交易行为与泄露内幕信息行为都应当进行区别性的对待。我国对于情节严重存在相应的法律解释的规定，但这些规定并未对不同的行为模式进行区分对待。对于行为人刑事责任的判断应当以行为人本身的行为进行界定，但是，如果将证券交易成交量、获利或者避损金额作为情节严重的一种情形，其对认定泄露内幕信息的行为来说就具有不合理之处。毕竟，泄露内幕信息的行为人本人并未实施证券内幕交易行为。因此，通过对以上内容研究，可以促进完善证券内幕交易犯罪行为的立法规定、司法认定状况，对内幕交易犯罪行为模式的研究具有重大的理论意义与实践意义。

本章小结

本章主要探讨的问题是内幕交易罪的行为模式。内幕交易犯罪行为模式主要包括三种，即典型的内幕交易行为、泄露内幕信息的行为与建议他人实施内幕交易行为。在这三种行为模式下，典型的内幕交易行为是行为人本人参与到证券交易的过程中，而其他两类内幕交易行为，其本人并未参与到内幕交易罪行为的过程中，因此，在认定典型的内幕交易行为与非典型的内幕交易罪的过程中，必须注重对其区别进行研究。对于典型的内幕交易罪进行研究，必须明确的一个问题就是内幕交易行为是否以“利用内幕信息”为必要，这是认定典型内幕信息行为最为关键的问题，对于此问题理论界存在巨大的争议。而本文的观点认为，典型的内幕交易罪必须以利用内幕信息为必要，如果行为人没有利用内幕信息进行交易，则其行为不能认定为内幕交易罪。理由在于：只有利用了内幕信息，才能实质上认定行为人客观上存在信息优势，并在证券交易的过程中将这种信息优势转化为现实中的收益。对于泄露信息行为的认定，主要关注的问题是泄露行为是否获益以及被泄露人是否实施了内幕交易行为等条件是否是泄露人构成犯罪的必要要件。根据本文的观点，泄露内幕信息的行为应当以获取对价收益为必要，但是，信息获取者是否实施了内幕交易行为并非是认定泄露人行为的必要要件。而建议他人实施内幕交易行为，本书认为，对于这种情形应当结合共同犯罪的相关理论进行探讨。建议行为不应当被视为一种独立的内幕交易犯罪行为模式，而应当被视为内幕交易犯罪的教唆行为。

第五章 内幕交易构成要件中“情节严重”的认定

根据我国刑法规定，典型的内幕交易、泄露信息的行为与建议他人实施内幕交易行为必须达到情节严重的标准才能认定构成内幕交易罪。因此，在理论界中，将需要认定“情节严重”的犯罪称之为情节犯，以具有明确的犯罪结果作为犯罪必要条件的犯罪称之为结果犯。但是，结果犯与情节犯之间具有紧密的关系。在很多情节犯中，其都以具体的犯罪结果作为认定“情节严重”情况的依据。因此，对于情节严重的认定离不开对于犯罪结果的认定。在内幕交易罪客观构成要件要素的研究过程中，内幕交易犯罪结果的认定及“情节严重”问题的认定都是不可或缺的重要问题。犯罪结果注重的是客观上的评价，而“情节严重”的判断则涉及价值上的判断。

在情节犯的理论中，对于情节严重的判断情形存在主观的情节也存在客观的情节。而从本书的研究对象来看，本书所要探讨的情节严重的情形都属于对客观情形进行的判断。在内幕交易犯罪中，情节严重判断的情节基本上都属于客观情形。而且在客观的情形中，大体上分为以下两种类别；第一类是从数额上进行判断，例如，证券的成交量、获益或者避损的数额，期货交易中占保证金的数额；另一类则是从行为的角度，即行为人是否实施了三次以上内幕信息的行为。本章中主要探讨的内容就是从数额与多次行为的角度对内幕交易构成要件情节严重的情形进行探讨的。

另外，内幕交易构成要件情节严重的认定与内幕交易犯罪结果之间也存在巨大的联系。犯罪结果作为客观构成要件要素中的一个研究领域，可谓是刑法领域中较为关键的一个组成部分。在犯罪结果理论研究领域中主要关注的问题包括：一是犯罪结果是否是构成犯罪的必要要件；二是犯罪结果在犯罪构成要件中应当处于何种地位。在认定犯罪的过程中，在客观构成要件要素中要重点关注的问题主要包括犯罪行为、犯罪结果与犯罪行为、结果之间具有因果关系。按照当代犯罪结果之理论，对于犯罪结果的分类可以分为实害结果和危险状态二类。实害结果是与危险状态相对应的一个概念，所谓实害结果就是认为犯罪行为所造成的有形的、偏离正常状态之下的结果。而所谓的危险性状态则是指犯罪行为虽未造成外在、有形的损害结果，但是，其使得受法律保护的人、社会正常秩序处于极度危险之中。在德国刑法学界中，其并不关注犯罪结果的问题，只关注法益问题。因此，对于犯罪结果不存在统一的关于犯罪结果的学说。但是，还是存在一些学者对于犯罪结果的问题给予了一些观点。毕竟，在司法实践中，必须对犯罪行为、犯罪结果以及行为与结果之间是否存在因果关系等一系列问题进行认定。例如，德国刑法学家麦兹格认为："犯罪结果指一切客观构成要件之实现，因之，结果包括行为人之身体动作及由此所引起之外界结果。"〔1〕这种观点认为一切犯罪行为所引起的事物状态之

〔1〕 转引自蔡墩铭：《刑法基本理论研究》，汉林出版社 1980 年版，第 68 页。

改变都可以视为是犯罪行为所引起的结果。例如，行为人开枪射击，其扣扳机的行为可以视为犯罪行为的一部分，而子弹发射就可以视为犯罪结果。而另外一些学者的观点则与此观点具有不同之处，其认为犯罪结果应当是具有法律上重要的事实，也就是说，只有具有重要法律意义的结果才能视为犯罪结果。“刑法上之结果系外界结果，即动作以外的结果，其系发生于行为客体之上，如有生命者之身体、他人之动产或者防火之目的物。一切在法律上重要之事实变动，均可视为结果，但此须发生于行为客体之上。身体动作因系身体之活动，是其先于外界结果而存在。”〔1〕第三种观点则是从结果犯的角度来讲，其将犯罪按照一定的标准分为了不同的种类，例如，行为人、危险犯及结果犯等。这种观点认为，犯罪结果是结果犯的必要要件，而对于其他种类的犯罪，犯罪结果是非必要的要件。

第一节　内幕交易构成要件“情节严重”的解读

在刑法领域中，犯罪情节可能是构成犯罪的必要要件，也可以是构成犯罪的非必要要件，而是量刑情节。犯罪情节与犯罪结果之间存在一定的包容关系，“情节与结果并不像危险与结果那样是互相对立的概念，而是存在一定的包容关系。具体地说，情节是一个较为宽泛的概念，因而情节包含结果，但反之则不然。因此，情节犯包含结果犯，结果犯则不包含情节犯。”〔2〕在证券内幕交易犯罪的构成要件中规定情节严重行为，依法承担相应的刑事责任，也就是说，证券内幕交易罪是典型的情节犯，构成此罪必须具备情节严重的情况，这也正是证券内幕交

---

〔1〕转引自蔡墩铭：《刑法基本理论研究》，汉林出版社 1980 年版，第 69 页。

〔2〕陈兴良主编：《刑法总论精释》，人民法院出版社 2011 年版，第 199 页。

易违法行为与犯罪行为最为明显的区别。将内幕交易犯罪规定为情节犯并不意味着此罪不存在犯罪结果，与结果犯不同的是，结果犯规定的犯罪结果是犯罪构成的必要要件，且犯罪结果较之情节更为明显。而在内幕交易犯罪中，情节严重是区分证券内幕交易违法行为和犯罪行为的一个判定标准。在具体个案中，行为人内幕交易犯罪行为产生的犯罪结果则是具体的，内幕交易行为是否构成犯罪要将具体的结果与判定标准进行比对来认定行为是证券违法行为还是犯罪行为。犯罪结果与情节就具有天然的联系，在具体认定个案的情况下，该行为是否构成犯罪要对犯罪结果与犯罪情节进行对照，犯罪结果具有一定的客观性，而犯罪情节是否严重的标准的制定带有一定的主观性。对于犯罪情节严重设置是否科学、合理以及犯罪情节严重与犯罪结果之间的关系，目前学术界尚未赋予应有的关注。依照相关的法律及司法解释的规定，判定行为人的行为是否构成证券内幕交易罪主要关注的是证券成交量、获益或者避损的金额及是否具有多次实施内幕交易行为。这些因素是立法上规定的证券内幕交易犯罪情节严重的标准，也就是法定的定罪情节，没有达到此标准的行为人不应当对其内幕交易行为承担相应的刑事责任。而内幕交易行为、行为导致的获益或者避损的金额及证券成交量在个案中的数额则是客观的、具有相对稳定性的数额，其在一定的期间内不会发生大幅度的变动。另外，还存在一个重要的问题就是，犯罪结果虽然具有客观性，但是，在具体估计其结果时也存在一定的计算标准，而此计算标准应当与情节严重中的成交量、获益或者避损的金额的计算标准保持一致性。综上所述，对于犯罪结果问题的研究应当结合“情节严重”问题进行探讨，犯罪结果与犯罪情节具有较大的关联性。

一、内幕交易罪“情节严重”的解读

根据《最高人民法院、最高人民检察院关于办理内幕交易、泄露内幕信息刑事案件具体应用法律若干问题的解释》第6条的规定：“在内幕信息敏感期内从事或者明示、暗示他人从事或者泄露内幕信息导致他人从事与该内幕信息有关的证券、期货交易，具有下列情形之一的，应当认定为刑法第一百八十条第一款规定的‘情节严重’：（一）证券交易成交额在五十万元以上的；（二）期货交易占用保证金数额在三十万元以上的；（三）获利或者避免损失数额在十五万元以上的；（四）三次以上的；（五）具有其他严重情节的。”〔1〕在认定证券内幕交易犯罪的司法实践过程中，行为人实施典型的内幕交易行为、泄露内幕信息的行为或者建议他人实施内幕交易行为，只有达到情节严重的情况，才能够认定行为人的行为构成证券内幕交易罪。第（一）项中“证券成交额在五十万元以上”，是指证券的成交量，也就是说，内幕信息知情人员知悉内幕信息至信息对外公开这段内幕信息敏感期间之内，内幕信息知情人员对该证券的购买量在50万以上的，才能达到法定的情节严重的结果。对于证券成交量的标准，笔者认为，其可以认为是非法获益或者避免损失经济利益的一种替代的标准。理由在于：实施内幕交易行为获取的经济上的收益或者避免损失的结果是内幕信息知情人员的最终目的，而获益或者避免损失的结果是可以通过证券成交量及证券市场价格的变动计算出来的。该规定的第（三）项说明，获益或者避免损失的数额是指行为人利用内幕信息进行证券买卖行为之时，其获取收益或者因为掌握内幕信息而避

〔1〕　参见《最高人民法院、最高人民检察院关于办理内幕交易、泄露内幕信息刑事案件具体应用法律若干问题的解释》第6条。

免损失的数量。法定的获利或者避免损失的数额必须达到 15 万元以上，才能认定该内幕交易行为达到了情节严重的情况。另外，第（四）项中“三次以上的”是指，行为人实施了三次以上的内幕信息交易行为，这是从行为实施的次数的角度来讲的。行为人对此实施内幕交易行为的说明了行为人的主观恶性较大，对于证券市场秩序的威胁较大。在内幕交易罪中，对于内幕交易行为是否应当承担相应的刑事责任主要要关注其是否达到情节严重的状态，而对于情节严重的判断主要从证券成交量、获益或者避损的数量及行为人实施内幕交易犯罪的次数来讲。

另外，还存在一个认定标准问题，即成交量的认定标准与获益或者避免损失的认定标准。关于成交量的认定标准主要关注的是成交量认定的时间标准，即此处的成交量标准是指在内幕信息知情人员知悉此信息之时至信息对外公开之后这段敏感期间内，内幕信息知情人员及其相关人员购买证券的数量。不在此期间的成交量不能成为情节严重中的成交量，理由在于：在内幕信息的敏感期间之外，证券的成交量都不能成为情节严重中成交量认定的数量。而对于获益或者避免损失的数额的认定，则是通过成交量和股票市场价格的变化计算出获益或者避免损失的数量的。此处需要确定两个变量，一个是证券成交量，即在内幕信息敏感期间内的成交量；另外一个是股票市场价格的变动，在此需要确定的市场价格应当包括内幕信息知情人员知悉内幕信息之时的证券市场价格和信息对外公开之后证券市场价格的变动。例如，某上市公司的内幕信息知情人员利用知悉的内幕信息进行证券交易行为，在信息公开之前存在证券市场价格变动的趋势，而当内幕信息对外公开之后也存在证券市场价格变动趋势。此时，就信息知情人员在这段期间对该证券的购买量可以确定其中一个要素。而信息公开之前和信息公开之后的差价也可以确定第二个要素的关键。而获益或者避免损失的数额可以证券的成交量乘以证券市场价格变动的差价来计算。至于差价的计算，笔者认为，应当以内幕信息知情人员购买证券时的证券市场价格与信息对外公开之后证券市场价格的差额作为差价的确定的基础。而两个变量的乘积就可以视为是证券内幕交易行为的获益或者避免损失的数额。

从内幕交易行为角度而言，内幕交易行为存在三种行为模式，对“情节严重”相关法律及司法解释的解读并未区分以上三种行为模式。这种情况导致在适用“情节严重”条款与具体犯罪行为模式的对接上会存在较大的问题。例如，对于行为人自己实施内幕交易行为的情况，以证券成交量、期货保证金数量、获益或者避损的数额作为认定“情节严重”认定的依据是合理的。因为，行为人本身实施了证券交易行为，其行为是造成非法获益或者避损结果的直接原因。但是，对于泄露内幕信息的行为与建议他人实施内幕交易行为的情况，行为人并未直接参与到证券交易行为中，因此，以这些量化的数额作为认定泄露人和建议人刑事责任的依据是不合理的。在此，笔者主张，对于“情节严重”情形的认定应当区分不同的内幕交易犯罪行为模式。除此以外，对于我国设置情节认定标准层面上来讲，其设置的情节严重的认定标准也存在不合理之处，内幕交易罪属于经济犯罪的一种，对于内幕交易犯罪的情节严重的认定应当从非法获取经济利益的角度进行认定，而证券成交量标准的设置虽然在一定程度上可以计算出获益或者避损的数量。但是，影响获益或者避损数额才是内幕交易犯罪人真正的犯罪所得，其受到两个关键的变量共同影响，一个变量是证券成交量，另外一个变量就是证券市场价格的变动。而证券成交量大未必说明其犯罪所得量大，因此，这种局面导致在某些情况下，行为人实施了内幕交易行为，其获益或者避免损失未达到司法解释要求的标准，但根据成交量的标准其行为也构成内幕交易犯罪，这种规定是不合理的。同时，对于“多次实施内幕交易行为”的标准，要区分此标准是适用何种具体的行为模式，对于典型的内幕交易行为而言，多次实施证券交易行为，在其获益数额或者避免损失的数额较少的情况下，不能以多次实施内幕交易行为作为情节严重情形的认定依据。因此，不能简单地将证券轻微违法行为的积累作为认定内幕交易犯罪的依据。

此外，内幕交易“情节严重”情形的认定与个案内幕交易行为的结果存在较为密切的关系，从刑法在总则的层面上讲，犯罪结果是情节的一种表现形式，“情节严重”是犯罪情节一种更为具体的表现。犯罪结果所研究的问题是犯罪行为客观上所造成的一种现实的危害或者是一种危险性的结果，而犯罪结果更加注重一种客观上的结果和事实上的因果关系。“情节严重”是判断行为是否构成犯罪的一个条件，只有达到情节严重的结果，才能认为该行为构成证券内幕交易罪。法定的“情节严重”的情形是对行为构成犯罪的价值上的判断，通过规定一些情形，判断行为是否构成犯罪。二者的关系是犯罪结果是判断行为客观上造成的危害，而“情节严重”的情形所要解决的问题是在法律上的价值判断，犯罪行为需要造成何种结果才能认定该行为构成内幕交易罪。例如，根据相关的法律及司法解释的规定，对于成交量的标准，法律规定需要达到 50 万元才能构成证券内幕交易罪。如果在个案的认定中，某内幕信息知情人员的内幕交易行为的成交量是 40 万元，则个案中的犯罪结果并未达到情节严重的要求，因此，该行为不构成内幕交易犯罪。综上所述，内幕交易罪的犯罪结果是一种客观上的判断，而内幕交易犯罪的“情节严重”情形的判断则是一种价值上的判断。“情节严重”设置的标准是判断犯罪结果的一个依据，将个案的犯罪结果与法定的“情节严重”情形进行比对，犯罪客观上的结果达到了法定“情节严重”的标准则认为该行为构成犯罪；反之，如果个罪客观的犯罪结果并不符合法定的“情节严重”的标准，则该行为并不构成证券内幕交易罪。犯罪“情节严重”的标准是法定的、具有概括性的标准；而犯罪结果则是犯罪最为直观的一种表现。

在司法认定中，对于内幕交易犯罪所进行的认定存在对内幕交易罪犯罪结果的认定标准和对“情节严重”情形的认定标准，在认定犯罪结果是否达到了“情节严重”的情形之时，要确定犯罪结果的计算标准和“情节严重”的计算标准是否具有一致性。只有犯罪结果的计算标准与“情节严重”的计算标准具有一致性，才能认定此种计算方式是具有合理性的。例如，对于获益或者避免损失的结果的计算，如果对于犯罪结果的认定采取的成交量标准是在内幕信息敏感期间内，信息知情人员在此期间的购买量作为犯罪结果的购买量，那么，此购买量也应当作为情节严重中获益或者避免损失的数额量的计算要素之一。另外，在选取证券市场价格的差价之时，犯罪结果的价格选择时点也应当与“情节严重”选取价格差价的时点具有一致性。对于获益或者避免损失数额的计算结果与情节严重中情形的计算在本质上就是一个过程，为了区分犯罪结果与情节严重并非同一概念，才将两个计算过程进行区分。

内幕交易的犯罪结果的研究也是客观构成要件要素研究中的一个重要的领域，然而在以往的研究中，对于内幕交易罪犯罪结果的研究并未赋予应有的重视。这种情况导致在学理中及司法实践中，对于内幕交易罪的认定存在较大的缺陷。内幕交易的犯罪结果、法益及“情节严重”的认定都存在较大的差别，且分别起着不同的作用。内幕交易犯罪的法益研究是概括性、抽象性的研究，其所研究的问题是内幕交易犯罪行为是否具有实质上的社会危害性。内幕交易犯罪结果研究侧重于对事实问题的研究，其解决的问题是犯罪行为给予社会利益更为具体的侵害，包括实害性的结果和危险性的结果。而内幕交易犯罪“情节严重”问题的研究，与犯罪结果的研究具有一定的相似性，但又不完全一致。情节犯中的“情节严重”的情形都是法定的，必须将现实中犯罪行为所引起的犯罪结果与法定的情节严重的情形相比较，以具体的结果对应具有抽象性的法律明文规定。如果具体犯罪行为产生的结果达到了法定情节严重的情形，则认为该行为构成证券内幕交易犯罪；反之，则不需承担刑事责任。这些问题都可以视为犯罪结果所要研究的问题，且与犯罪结果研究的问题具有较大的联系。另外，此部分的阐述更加有利于区分内幕交易犯罪构成要件要素，哪些认定属于事实上的判断，哪些认定属于价值上的判断。

二、对“情节特别严重”问题的解读

根据我国刑法规定，内幕交易犯罪具有情节加重犯的情况。《刑法》第180条中的规定：“……情节特别严重的，处五年以上十年以下有期徒刑，并处违法所得一倍以上五倍以下罚金。”〔1〕可见，刑法对于内幕交易罪设置了情节加重犯的条款，只要行为人所造成的犯罪结果达到了情节严重的标准，就应当以加重的刑罚作为其行为处罚的依据。《最高人民法院、最高人民检察院关于办理内幕交易、泄露内幕信息刑事案件具体应用法律的若干问题解释》第7条中规定的：“具有下列情形之一的，应

〔1〕参见我国《刑法》第180条。

当认定为刑法第一百八十条第一款规定的‘情节特别严重’：（一）证券交易成交额在二百五十万元以上的；（二）期货交易占用保证金数额在一百五十万元以上的；（三）获利或者避免损失数额在七十五万元以上的；（四）具有其他特别严重情节的。”〔1〕可见，情节特别严重的认定存在的问题也同情节严重的问题相似，因此如何使用情节特别严重的认定条款，首先应当区别不同的犯罪行为模式。对于具有量化危害结果的行为模式应当适用获益或者避免损失的认定标准，而对于泄露内幕信息的行为，则应当根据泄露内幕信息行为的性质。例如，行为人是否多次实施了泄露内幕信息的行为；泄露内幕信息的行为是否导致了信息接收者实施了内幕交易行为等情形。至于对于建议他人实施内幕交易行为的，应当结合共同犯罪的理论，依情节特别严重情形进行认定。

另外，关于解释规定本身的合理性问题，笔者认为，首先，其应当明确不同的内幕交易犯罪行为模式适用不同的认定标准。其次，在各个标准的合理性问题上，证券成交量是否能够成为情节特别严重情节判断的依据尚存在较大的争议。典型的内幕交易犯罪行为是以最终犯罪所得来判断其行为的危害性的，可见，行为人非法获益或者避免损失的多少是判断行为危害性的关键问题。证券成交量的标准在一定程度上不能够说明行为人犯罪所得的最终数额，因此，以证券成交额为判断内幕交易行为情节特别严重的认定标准是不合理的。

综上所述，内幕交易违法行为、内幕交易情节严重行为与内幕交易情节特别严重行为是依据违法程度作出的区分，从行为的本质上来讲，这些行为都是利用内幕信息进行证券交易或

---

〔1〕 参见《最高人民法院、最高人民检察院关于办理内幕交易、泄露内幕信息刑事案件具体应用法律的若干问题解释》第7条。

者泄露内幕信息行为、建议他人实施内幕交易的行为。不同的是，这些行为在违法程度上具有显著的差异。因此，在我国法律体系中，对于轻微的内幕交易违法行为，以相关行政法规进行规制即可。而对于情节严重、情节特别严重的内幕交易行为要通过刑法进行规制。并且在法定刑的设置上，对于情节特别严重的内幕交易行为设置了更为严格的法定刑。

三、典型内幕交易行为“情节严重”的认定

所谓典型的内幕交易行为是指行为人自己实施内幕交易的行为，其是内幕交易行为模式中最为常见的形式。对于这种行为模式而言，对于内幕交易罪的犯罪结果可以以更为直接的方式体现出来，同时内幕交易罪的犯罪结果可以用行为人证券交易的获益、避免损失的结果来判断。因此，在这种行为模式下，行为人获益或者避免损失的结果可以作为认定情节严重情形的认定依据。如果能够认定行为人的行为与行为人获取或者避免损失的结果存在直接关系，从客观的角度而言，行为人就需要对其行为、行为引起的损害结果承担相应的刑事责任。之所以要判断行为人的行为、结果与是否达到情节严重的结果的主要原因在于行为人对于获取收益并没有正当性的理由，如果其不掌握此内幕信息，其就不会因此而获益。而掌握内幕信息又意味着其侵犯其他投资者平等交易的权利。因此，综上所述，如果能够将行为所造成的犯罪结果作为内幕交易行为是否达到情节严重的情形，就可以从客观上证明行为人的行为具有严重的社会危害性。

另外，行为人获取收益或者避免损失的原因在于内幕信息会影响证券的市场价格。但是，在这里存在一个关键的问题就是信息对于公司的证券市场价格都会产生影响，其对证券的市

场价格存在一个敏感度的问题。每一个关于公司经营的信息都会在一定程度上影响公司股票的市场价格。如果行为人利用其知悉的内幕信息进行证券交易行为，就需要判定该特定的内幕信息与价格变动的关系。如果价格的变动在该内幕信息对证券市场价格影响幅度的范围之内，则可以认为该内幕交易行为与价格受该信息影响的正常范围内变化存在因果关系。例如，某上市公司的内幕信息知情人员甲知悉该公司的内幕信息 A，但是，信息 A 与信息 B 是同时产生的信息，并且 A 与 B 对外公开披露的时间也相同。此时该信息知情人员仅仅知悉信息 A，其对信息 B 并不知悉。因此，当信息 A 与信息 B 同时对外公开之后，其会共同对该公司的股票的市场价格产生重大的影响。而内幕信息知情人员利用的内幕信息 A 对于该公司股票的市场价格影响的程度就成为判断内幕交易行为与造成结果的因果关系的认定中关键的问题。在判断内幕信息 A 对证券市场价格影响时，也不得不考虑信息 B 对该公司的影响。在此，要区分不同的情况对于该问题进行探讨。如果信息 A 与信息 B 对于公司市场价格影响是同向的，即其均为利好信息或者同为不利的消息，则在认定内幕交易行为的因果关系之时，要把信息 B 对于该公司证券交易价格影响的程度剔除出去。理由在于：行为人进行内幕交易行为所利用的内幕信息是信息 A，而对于内幕信息 B 并不知情，在这种情况下，如果让行为人对于信息公开之后，证券市场价格变动与其购买市场价格的差价作为其犯罪获益结果或者避损结果是不合理的。行为人应当仅仅对内幕信息 A 对于证券市场价格的影响承担责任，即如果行为人购买该公司股票时，该公司的市场价格是 5 元每股，而当信息 A 与信息 B 同时对外公开之后，该证券市场价格为每股 10 元，在信息对外公布之后，公司上市交易的市场价格变动为 5 元。这种变动是由 A

内幕信息与B公司内幕信息共同引起的，而并不是由内幕信息A单独引起的。综上所述，对于本案例来讲，内幕信息知情人员利用内幕信息进行证券交易所引起的结果应当提出B内幕信息对于公司股价的影响。如果内幕剔除B对于证券市场价格的影响为2元，则行为人应当对3元的变动负责。也就是说，在此案中，行为人的行为以证券市场价格3元的变动之内承担相应的责任，而无需对内幕信息B对于证券市场价格的变动承担责任。

当信息A与信息B存在反向的变动关系之时，也就是说，当信息A是利好的信息，而信息B是不利的信息或者信息A是不利的信息而信息B是有利的信息之时，如果行为人掌握的是其中的某一个信息，而对另外一个信息并不知情，则信息A与信息B之间会存在一定的抵消作用。此时就会出现这样的情况，即如果行为人掌握的是利好的信息，而对于不利的信息并不知情，利好的信息会使证券的市场价格上升，因此，行为人根据理性的判断大量低价购买该公司的股票。但是，事实上该公司目前还存在不利的消息会使公司上市交易股票的价格下降。例如，公司内部在一段期间内存在一个利好的信息和一个不利的信息尚未对外公开，而信息知情人员甲知悉利好的信息，但对不利的信息并不知悉。其利用知悉的利好信息，在信息尚未对外公开之前大量的购买了该公司的股票，该公司股票在购买日的价格是5元每股。而在信息对外公开公开后，公司的股票价格为9元每股。根据金融分析师的认定，利好的信息导致股票的市场价格增加了7元每股，而不利的信息导致该公司股票价格下降3元每股。在这个案例中，对于行为人内幕交易行为因果关系的认定存在一定的特殊性，即以每股7元的增值作为因果关系判断的依据，还是以每股4元的增值作为因果关系判断的依据。笔者认为，内幕交易行为与以每股4元为基础计算行为人获益或者避免损失结果的计算结果作为认定情节严重情形的标准较为合适的。理由在于：以获益或者避免损失作为内幕交易罪犯罪结果的最为直接的外在表现，应当以客观上的结果作为犯罪结果的判断。另外，虽然客观上存在不利的消息，但是，行为人并没有利用此信息，该不利的信息虽然在客观上对于股票的上市交易价格产生了影响，但这都属于证券市场价格的正常变动。因此，在认定此种情况下的因果关系时，无需考虑不利信息对于证券市场价格的影响，只需要将信息公布之后的市场价格与行为人购买时的市场价格的差价作为判断行为人获益或者避免损失的结果即可。对于典型的内幕交易罪的情节严重情形的判断也要依据行为人获益或者避损的数额来进行认定，而获益或者避损的数额必须与行为人的内幕交易行为具有关联性。对于内幕交易犯罪行为情节严重的研讨的主要问题就是要判断行为人客观上造成的损害结果是否达到了法定的情节严重的情形，如果行为所造成的结果符合法定的情节严重的标准，则行为人需要因此而承担相应的刑事责任。

另外，犯罪结果与情节具有天然的联系，其二者之间并不存在对立的关系。可以说，犯罪结果具有一定的客观性，判断法律结果之时，必须要判断其是否具有刑法意义上的结果。其与纯客观上的结果还是具有一定的区别。例如，行为人持枪杀人，在刑法的角度上来讲，行为人扣动扳机与子弹发射具有客观上的因果关系。但是，此项因果关系并不具有刑法意义上的因果关系，其是纯粹意义上客观的因果关系。在刑法意义上，行为人实施的开枪的行为与被害人中枪的结果之间具有刑法意义上的因果关系。而犯罪情节是法定的，正如结果犯中规定的法定的犯罪结果，只有具有法定情节严重的情形下，行为才能构成犯罪。笔者认为，虽然结果犯与情节犯之间具有一定的相似性，即结果犯中的“结果”与情节犯中的“情节严重”标准都必须是法律明确规定的。但是，结果犯中“结果”较比情节严重的标准更为明确，其要求行为人必须达到具体某项结果。而情节犯中“情节严重”的规定具有较大的抽象性与不确定性。至于何为“情节严重”标准需要相关司法解释进行明确的规定。在内幕交易犯罪中，犯罪行为必然会产生一定的犯罪结果，这是第一层面上的认定，而此结果是否是构成犯罪的必要条件，依照相关的法律，犯罪结果并非是构成内幕交易罪的必要条件。内幕交易犯罪中的情节严重的情形包括成交量达到一定的数量、获益或者避损的金额达到一定的数量及行为人多次实施了内幕交易的行为。从这个标准来看，这个标准并非是具体的标准，而是一个有待明确的标准。因此，可以判断出内幕交易行为并非是结果犯，而是情节犯。但是，这并不是说内幕交易罪的犯罪结果就没有任何的意义，在具体认定内幕交易犯罪时，内幕交易行为所引起的犯罪结果在认定内幕交易罪之时具有重大的意义。正如本章第一节所论述的内容，内幕交易犯罪行为的犯罪结果包括两类结果，一类是有形的犯罪结果，另一类则是无形的犯罪结果。有形的犯罪结果就是内幕交易行为客观上造成行为上收益或者避损的经济利益，获益或者避损结果的多少是认定是否具有情节严重情形的重要标准。因此，在行为人具有获益或者避损的情况下，认定是否具有情节严重情形要依据行为人所获取经济利益的具体数额是否达到法律上规定的具体标准，如果达到就能够认定行为人的内幕交易行为构成证券内幕交易犯罪。反之，则不能认为该行为构成犯罪。在行为人多次实施内幕交易犯罪的情形下，判断行为人的行为是否达到情节严重的情形则要考虑无形的犯罪结果，即行为人实施的内幕交易的行为次数是否多次使正常的证券市场秩序处于危险的状态之下，使证券市场的正常市场秩序遭受非正常的影响也是内幕交易犯罪的犯罪结果，而相应的情节严重的情形就是行为人多次实施了该行为。因此，综上所述，首先要确定的一点是在内幕交易行为中，该行为引起的犯罪结果并非是构成内幕交易犯罪所必要的一个条件，但是，犯罪结果对于内幕交易行为的认定还是具有重要的作用的，即对于是否具有情节严重情形的判断要依据个案中犯罪结果，如果犯罪结果未达到情节严重情形，则行为人并不能构成内幕交易犯罪。因此，可以说具体的犯罪结果并非是认定内幕交易罪的必要要件，内幕交易罪并不以具体的、明确的犯罪结果作为其必要的要件，但是，其可以作为认定“情节严重”情形的重要依据。

正如在解读内幕交易情节严重情形时所探讨的问题，以证券成交量作为情节严重判断的依据尚存在不合理之处。证券成交量的多少并不能直接体现出行为获取收益或者避免损失的多少。而内幕交易的犯罪所得就是指获益或者避免损失的金额，也就是行为人非法的经济利益上的收益。证券成交量的标准也不能够直接作为犯罪所得的标准，对于多次实施内幕交易行为的标准更不能成为认定典型内幕交易犯罪情节严重的标准。例如，行为人多次实施证券内幕交易行为，但是，每次的行为获益量都很少，获益金额不到 500 元。对于此多次实施内幕交易行为可以认定为司法解释中规定的多次实施内幕交易行为。但是，其真正的非法获益金额却很少。对于这种行为，通过相关的行政法规就足以规制，不需要刑法介入。因此，以多次实施内幕交易作为典型内幕交易犯罪情节严重的认定是不合理的。

综上所述，笔者认为，对于典型的内幕交易行为情节严重认定的标准应当依照犯罪所得来认定，也就是以获益或者避损的数额作为内幕交易罪情节严重认定的依据。而证券成交量和多次实施内幕交易行为作为典型内幕交易犯罪认定标准不具有合理性。

四、非典型内幕交易行为“情节严重”的认定

所谓非典型内幕交易行为是指行为人并未直接参与到证券交易的行为过程中，其只是将知悉的内幕信息泄露给其他人或者在没有实施泄露内幕信息行为的情形下，建议他人实施证券交易行为。与典型的内幕交易行为不同的是，泄露内幕信息的行为与建议他人实施内幕交易行为并不能以证券成交量、获益或者避损的数额等量化的标准作为认定情节严重标准的依据。理由在于，泄露人与建议人本人并没有实施证券交易行为，不会产生具体的收益或者避免损失的结果。另外，从罪责自负的原则来看，行为人只需要对自己行为所产生的危害结果负责，而不需要以他人实施何种行为或者造成何种危害结果作为本人行为认定的依据。但是，对于非典型的内幕交易行为要区分情况进行探讨。非典型的内幕交易行为包括两种模式，一类是泄露内幕信息的行为；另二类是建议他人实施内幕信息的行为。因此，对于此两类行为应当区分地进行探讨。

（一）泄露内幕信息行为情节严重的判断

在刑法理论研究中，对于泄露内幕信息的行为的情节严重的研究尚未得到应有的重视。这种情况导致在立法及相关的司法解释中，对于内幕交易行为模式中一些问题的认定尚存在较大的缺陷。正如前文所述，犯罪结果与犯罪情节具有紧密的关系，具体到内幕交易犯罪的个罪认定中，内幕交易犯罪是典型的情节犯，构成犯罪的必要要件中包括构成此犯罪必须达到情节严重的情况。而依据相关的司法解释的规定，内幕交易罪情节严重的情形包括证券成交量达到一定数额、行为人获益或者

避损数额以及行为人实施内幕交易行为的次数等作为情节严重的判断标准。在司法实践中，对于个案的认定需要具体认定行为人在客观上造成非法获益的结果是否达到了情节严重的状态。只有行为人内幕交易的行为造成的犯罪结果达到情节严重的结果之时，才能认为该行为构成内幕交易罪。而对于泄露内幕信息的行为来讲，由于泄露内幕信息人员本人并没有实施证券交易行为。因此，不能认定泄露内幕信息行为与行为获益或者避损行为之间具有因果关系。对于泄露内幕信息行为情节严重情形的判断要认定泄露内幕信息行为所造成的危害结果是否达到情节严重的情况。因此，在此，应当涉及两个问题的探讨。第一个问题就是泄露内幕信息行为客观上会造成怎样的结果以及如何判断行为与结果之间的因果关系。其次，要明确法定情节严重的情形，即设置合理的情节严重的认定标准。第一个问题是事实上的判断，而第二个问题涉及事实上和价值的双重判断。第一个问题即泄露内幕信息行为与危害结果之间因果关系的判断，从客观上来讲，内幕信息知情人员将信息对外泄露，使证券投资者知悉此信息，这种行为本身就是侵犯了证券市场中平等交易的原则并侵犯了证券市场中正常的市场秩序。从这一点上，泄露内幕信息行为确实侵犯了内幕交易罪所保护之法益，其将内幕交易犯罪所保护的法益置于了一种危险状态之中。

综上所述，笔者认为，泄露内幕信息行为的因果关系判断要判断泄露内幕信息的行为是否将证券市场的正常秩序、证券市场中的投资人平等交易的权利置于危险之中。根据相关的法律，只有行为所造成的结果达到了情节严重的情况，才能认为该行为构成证券内幕交易罪。综合以上两个问题可以认为，构成证券内幕交易犯罪，必须认定泄露内幕信息的行为与行为造成的危险结果之间具有紧密的关系，并且这种危险结果已经达到情节严重的标准。另外，还存在一个关键的问题就是如何认定泄露内幕信息行为达到了情节严重的结果。根据我国相关的司法解释，对于情节严重情形的判断要依据证券成交量、行为人非法获益或者避免损失的结果以及实施内幕交易行为的次数。如果实施的内幕交易行为的达到法定的证券成交量结果、非法获益或者避免损失的结果，则行为人需要对其内幕交易行为承担相应的刑事责任。对于泄露内幕信息的行为，其行为人本人并未直接参与到内幕交易的过程中，因此，在实施泄露内幕信息行为时，并不会产生证券成交量的数额、行为人非法获益或者避免损失的结果。所以，不能以成交量、获益数额或者避损数额作为泄露内幕信息行为因果关系判断的依据。但是，在我国目前的相关法律中也并未对情节严重情节具体适用的情况作出详细的说明，也就是说，不排除对于泄露内幕信息的行为适用成交量及获益数额或者避损数额作为因果关系判断的依据。如果以此作为判断的标准，就只能以内幕信息接受者实施内幕交易行为的证券成交量及获益或者避免损失的结果作为泄露内幕信息行为因果关系判断的依据。但是，根据刑法理论中的基本原则，特别是罪责自负的原则，在证明行为人是否需要承担相应的刑事责任判断之时，应当以行为人自身的行为状况作为其行为认定的依据。而在泄露内幕信息行为因果关系的判断问题上，也应当以泄露内幕信息行为本身的状况作为因果关系判断的依据。信息接收者是否实施了证券内幕交易行为以及其证券成交量的数额、非法获益或者避免损失的金额等情况都不能作为泄露内幕信息行为人因果关系判断的依据。因此，在我国的相关的法律及司法解释中，应当明确规定典型的内幕交易行为以什么标准作为因果关系判断、情节严重情形判断的依据；泄露内幕信息的行为以及建议他人实施内幕交易行为以什么标准作为其因果关系、情节严重情形的判断标准。泄露内幕信息行为将信息泄露给证券市场中的投资人，这导致证券市场中将会产生相对的信息优势的状态，信息接收者很可能会利用其知悉的内幕信息进行证券买卖活动而因此非法获取经济上的收益。但是，不能将泄露内幕信息行为视为只要行为人实施了此行为就认定该行为构成内幕交易犯罪，在认定其刑事责任的过程中，应当对情节严重的情况、行为所造成的危害结果进行明确的规定。对于泄露内幕信息因果关系的判断及情节严重情况应当进行细致的探讨，行为人多次将知悉的内幕信息对外泄露的行为，说明行为人的行为曾多次将内幕交易犯罪所保护的法益置于危险状态中，行为人的行为结果就是其多次使内幕信息接受者处于信息优势的地位。多次实施泄露内幕信息行为可以说明行为人的主观恶性较强，具有严重的社会危害性，此时也可以将多次实施泄露内幕信息的行为视为情节严重的一种情形。也就是说，从因果关系判定的角度来讲，行为人多次实施泄露内幕信息的行为与扰乱证券市场正常市场秩序存在因果关系，对于证券投资者平等交易原则的破坏是由于行为人多次实施了泄露内幕信息的行为。其次，从情节严重情形的探讨，多次实施泄露内幕信息行为具有严重的社会危害性，其证明行为人不仅一次对于内幕交易犯罪所保护的法益进行破坏，也应当被刑法所禁止。另外，关于信息接收者是否实施内幕交易行为的问题的认定，首先，从因果关系的认定角度而言，接收内幕信息者是否实施内幕交易行为并不是泄露内幕信息人构成犯罪的必要要件，接收者实施的内幕交易行为的证券成交量及获益或者避免损失的结果与泄露内幕信息行为之间并不具有因果关系。但是，信息接收者是否实施了证券内幕交易行为可以侧面反映泄露内幕信息行为人行为的危害性。毕竟，泄露内幕信息的行为人为信息接收者实施内幕交易行为提供了可能。因此，可以认定泄露行为与客观上侵犯其他投资者平等交易权利之间具有因果关系。从情节严重认定的角度来讲，接收内幕信息行为人实施了内幕交易行为以及其交易量的多少可以作为泄露内幕信息行为人情节严重的一个判断依据。例如，行为人是某上市公司的内幕信息知情人员，其将知悉的内幕信息告知自己的大学同学，其同学对于行为人目前的工作状况、所学专业等信息十分了解，并且其大学同学有能力利用此信息进行大量购买该公司证券的能力。从这个案件来讲，该行为人泄露内幕信息的行为就具有严重的社会危害性，理由在于，其泄露内幕信息的行为本身可能是证券违法行为也可能是证券内幕交易犯罪行为。但是，从其大学同学实施内幕交易犯罪的概率上来讲，这种潜在的危险行为很可能成为客观上真实的危害行为。其同学通过对于行为人的了解，很有可能利用此信息进行证券内幕交易行为。而在因果关系的认定上，行为人泄露内幕信息的行为与破坏证券市场的正常市场秩序、其他投资者平等交易的权利遭到危害的结果之间具有盖然性的因果关系。至于其大学同学是否实施了证券内幕交易行为以及成交量、获益或者避损的数额虽然与泄露内幕信息行为不具有直接因果关系，但是，可以作为因果关系、情节严重情况判断的一个辅助性因素。

（二）建议他人实施内幕交易行为情节严重情形的判断

建议他人实施内幕交易行为与泄露内幕信息行为都是行为人并未实施证券内幕交易行为的类型。但是，二者也存在较大的区别，建议他人实施内幕交易行为的行为人并未将内幕信息的具体内容传递给其他证券投资人。与泄露内幕信息具有的相同特征是由于行为人本人并未实施证券交易行为，因此，建议他人实施内幕交易行为与被建议人是否实施证券内幕交易及交易成交量、获益或者避免损失的金额之间并不具有直接的因果关系。在我国相关的法律规定及司法解释中，对于建议他人实施内幕交易的行为是否以被建议人实施了证券内幕交易行为为必要，并没有明确的规定。在这一点上，建议他人实施内幕交易行为与泄露内幕信息行为具有相似性。在此，笔者认为，建议他人实施证券内幕交易行为并不应当以被建议人是否实施证券内幕交易为构成犯罪的必要要件，更为主要的一个问题就在于建议他人实施内幕交易行为本身就不应当作为内幕交易犯罪的行为模式。也就是说，建议他人实施证券内幕交易行为本身并没有泄露内幕信息行为同等的社会危害性。首先，从行为角度来讲，建议他人实施内幕交易行为的行为人本身并没有实施证券内幕交易行为，也并没有将内幕信息的内容告知被建议人。因此，其并不像泄露内幕信息行为那样将内幕信息的具体内容公之于众。因此，从行为的社会危害性程度来讲，建议他人实施内幕交易行为的社会危害性要低于泄露内幕信息的行为。其次，从信息接收者与被建议人的角度来讲，被建议人是否实施内幕交易行为的或然性更高。内幕信息的接收者知悉的是具体的内幕信息的内容，而被建议人只是接收建议人的建议行为，其对内幕信息的具体内容并不知悉。因此，其进行证券交易的可能性要更低。综上所述，笔者认为，建议他人实施内幕交易行为不应当被视为内幕交易行为模式的一种，应当结合共同犯罪理论进行探讨，也就说对于建议人的行为的定性要以共同犯罪的角度进行判断。如果将建议人实施的行为视为内幕交易罪的教唆行为，则在认定建议他人实施内幕信息的行为情节严重标准时，就应当与典型的内幕交易犯罪行为的认定标准具有一致性，即将具体实施内幕交易犯罪行为的人员实施行为的结果作为认定情节严重情形的依据，如果正犯实施内幕交易行为成交量、获益或者避损的数额达到要求的标准就可以认定正犯人与建议人同时达到情节严重的标准。

第二节 “情节严重”情形中数额认定标准的缺陷及完善建议

在内幕交易构成要件“情节严重”情形中，存在数额的认定标准和行为的认定标准，所谓数额的认定标准，就是以内幕交易行为所造成的、能够以具体的数额作为判定行为情节严重的判断标准的一种方式。例如，证券交易的成交量标准、获益或者避免损失的标准及期货交易占用保证金数额的标准。

一、数额认定标准中存在的缺陷

内幕交易犯罪是典型的情节犯，情节严重作为认定内幕交易罪的必要条件，其设置的科学性与合理性直接关系到内幕交易罪的司法认定的准确性。因此，设置科学的、合理的情节严重认定标准既有利于打击内幕交易犯罪，也有利于对犯罪嫌疑人被告人权利之保障。情节严重认定标准的研究是内幕交易犯罪客观构成要件要素研究中的重要问题，对这个问题的解读是对于内幕交易犯罪客观构成要件要素研究不可或缺的一个课题。在此，必须明确的一个问题是：在情节犯中，一些情节可能是客观构成要件要素中的情节，也可能是主观构成要件要素中的情节。而在内幕交易犯罪中，法定的客观构成要件要素都应当是客观构成要件要素中的情节。

目前，关于“情节严重”“情节特别严重”的认定是依照相关司法解释的规定，如在对其解读的一节中所阐述的，对于内幕交易罪情节严重情形、情节特别严重情形的认定主要是从证券交易量、获益或者避损的数量、多次交易行为以及其他严重情形为依据。对于这种规定，笔者认为，其尚存在较大的缺陷，且设置的标准往往不能说明某个内幕交易行为已经达到了情节严重的标准。因此，对于现行相关司法解释规定应当进行适当的完善。而完善的路径可以从两个方面进行：一是应当从解释本身的合理性处罚，即检验关于解释成交量、获益或者避损数额等标准的合理性。二是从解释的规定与犯罪行为模式相对应的角度进行完善，即从内幕交易行为模式与设置情节严重情节对应的角度，对内幕交易行为情节严重情形进行探讨。对于“情节严重”情形相关司法解释进行解读的一节中已经对于情节严重的相关司法解释的规定进行了详细的阐述，如前可知，我国相关的司法解释中将证券交易的成交量、非法获取经济利益或者避免经济上的损失、多次实施内幕交易行为与其他严重情形作为判断情节严重的重要的依据。

（一）以“证券成交量”作为数额认定标准不符合经济犯罪立法的理念

证券成交量是指证券交易的数量，即行为人利用内幕信息进行交易的证券成交量。内幕交易犯罪是典型的经济犯罪，经济犯罪一般都存在两种基本的危害结果。一方面，经济犯罪对相关经济市场进行损害，例如，内幕交易罪是对证券市场的破坏。另一方面，经济犯罪会产生非法的经济上的收益，即犯罪所得。可见，内幕交易罪一方面是对证券市场正常的市场秩序的一种破坏，另一方面，行为人会通过证券内幕交易行为获取非法的经济上的收益。证券成交量的标准是否能够成为判断情节严重的标准尚存在较大的疑问，内幕交易犯罪所得是指内幕交易行为非法获益或者避免损失的结果。而证券成交量虽然是获益或者避损结果计算的一个重要变量，但是，其并非唯一的变量。在对犯罪所得进行计算时，证券成交量和证券市场价格的差价是两个重要的变动因素。其中，一个变量的变动都不会必然引起犯罪所得达到数额较大的标准。另外，既然未将证券市场价格变动作为判断情节严重的一个标准，成交量也不应当作为判断标准之一。

在证券市场中，内幕交易行为人获取的经济利益来源于其他投资人和公司累积经营上的收益。因此，对于典型内幕交易行为判断应当从非法获益或者避免损失的角度进行情节严重情形的判断。而证券成交量的多少并不能作为判断犯罪所得的依据。因此，在相关的立法及司法解释中，不能将证券成交量作为判断情节严重的标准，应当将此标准排除在情节严重认定标准之外，证券成交量标准的设置并不符合经济犯罪立法的理念。

（二）数额认定标准在适用上缺乏明确性

所谓数额认定标准在适用上缺乏明确性是指，在我国相关的立法中并未注重内幕交易犯罪行为模式适用何种标准来判断其行为是否达到情节严重的标准。也就是说，数额认定标准并没有一个适用上的具有明确性的规则来规制，按照现有的规定，任何的内幕交易犯罪模式都可以数额作为依据来认定行为达到情节严重的情形。这种情况导致了规则适用的重大缺陷，理由在于：在内幕交易犯罪行为模式中，泄露内幕信息的行为人本人并未参与到具体的证券交易过程中。因此，泄露人的行为并不会产生一个量化的数额，也就无法判断行为导致的结果是否符合法定的数额认定标准。按照罪责自负的原则，也不能将信息接收者实施证券交易的数额标准作为认定泄露人刑事责任的依据。

因此，法定的数额认定标准存在一定的局限性，其并不能完全适用于各种内幕交易行为模式之中。在这种情况下，应当存在更加细化的规定，以细化的规定来指导如何对不同内幕交易罪犯罪模式适用何种情节严重的认定标准。

（三）数额认定标准的内容过于单一

以目前法定的数额认定标准来讲，数额认定标准包括非法获益或者避损的数额、期货交易占用保证金的数额以及证券的成交量。而依据经济犯罪的立法理念，犯罪所得应当作为认定情节严重最为重要的一个因素。证券成交量标准与期货交易占用保证金的数额都是计算犯罪所得的一个变量，其只是提供计算犯罪所得的一个变量，并不能作为犯罪所得。因此，可以说，在我国目前的法定的数额标准中，只能以行为人获益或者避损的数额作为数额认定的标准，而且是以行为人的角度认定的数额标准。这种标准过于单一，并不存在可以替代的数额标准作为其适当的补充。

因此，可以说在数额认定标准中，其最为重大的一个缺陷就是认定标准过于单一的问题。例如，在这种情况下，在无法合理确定行为人获益或者避免损失的情况下，就无法对于行为人实施的行为进行情节严重的认定。

以上就是对我国数额情节认定标准缺陷的阐述，在认定内幕交易构成要件情节严重的情形下，数额标准设置的科学性与合理性直接关系到内幕交易犯罪认定的准确性。因此，对于“情节严重”情形中的数额标准进行进一步的完善势在必行。

二、对于数额认定标准的完善建议

通过区分内幕交易罪不同的行为模式，对于典型的内幕交易行为必须要以行为的犯罪所得标准作为其“情节严重”的认定标准。典型的内幕交易行为因为是行为人本人参与到具体的内幕交易过程中，因此，对于这种行为情节严重的判断要依据行为的犯罪所得。在法定的情节严重的规定中，内幕交易罪犯罪所得可以行为人非法获取收益或者避免损失作为其犯罪所得。因此，对于典型的内幕交易行为应当以非法获益或者避免损失的数额作为认定情节严重最为主要的依据。而三次以上实施典型内幕交易行为未必能够说明该行为达到了情节严重的程度。证券成交量的标准并不能完全代替犯罪所得的概念，证券成交量的大小并不能代表内幕交易行为的收益达到情节严重的程度。影响内幕交易犯罪所得的因素包括证券成交量和证券市场价格的变动，因此，从这一点上说，证券成交量的大小不能完全决定犯罪所得的大小。证券成交量不能作为典型内幕交易行为情节严重的认定标准。对于数额认定标准的完善建议如下：

（一）将“证券成交量”标准排除在“情节严重”的认定标准之外

证券成交量可以作为内幕交易罪犯罪所得计算的一个变量，但是，其并非等同于犯罪所得。内幕交易行为可能具有较大的证券成交量，但是，如果信息公开之后，其证券市场价格变动幅度很小，其最终的犯罪所得也很少。可见，在经济犯罪中，以犯罪所得作为判断行为社会危害性的背景之下，证券成交量并不能直接表示为内幕交易行为是否具有较大的社会危害性。因此，证券成交量标准并不能作为内幕交易构成要件中情节严重判断的标准之一。

证券成交量只能说明行为人具有非法获益的目的，但是大规模的证券买卖行为并不一定会转化为巨大的非法经济利益。在相关的司法解释中，应当将“证券成交量”的标准予以排除。而在计算犯罪所得之时，即认定行为人非法获取收益或者避免损失之时，应将证券成交量作为一个关键性的变量予以使用。对于典型的内幕交易行为进行情节严重的判断时，证券成交量多少并不能表示出其最终的犯罪所得，而其最终的获益或者避免损失的多少是通过证券成交量与证券市场价格变动的差额体现出来的。

（二）明确“数额标准”的适用情形

在内幕交易构成要件情节严重的判断过程中，存在两种情节严重认定标准，一种是数额标准，另外一种是多次行为标准。而内幕交易犯罪行为模式也是一个较为复杂的体系。因此，在犯罪行为模式与情节严重判断标准之间就存在一个对接的问题，即对于不同的犯罪行为模式适用不同的情节严重的认定标准。例如，对于典型的内幕交易行为，可以行为人获益或者避免损失的结果作为其情节严重的认定标准，只要行为人实施的内幕交易行为产生的获益结果达到法定的情节严重情形，就可以认定该行为人需要承担相应的刑事责任。而泄露内幕信息行为中，其泄露人并未实施具体的内幕交易行为。因此，其行为并没有具体的犯罪数额作为判定情节严重的依据。所以，泄露内幕信息行为并不可以数额标准作为判定依据。

综上所述，笔者认为，应当存在更为具体的规定，对不同的犯罪模式下适用何种标准进行明确的规定。例如，对于典型的内幕交易行为应当以数额标准进行认定，对于泄露内幕信息行为不能以数额标准进行认定，而应当以多次行为的标准作为其情节严重的认定依据，或者以行为人以获益为目的，泄露内幕信息并获取接收者一定经济上的利益。另外，虽然不能将信息接收者实施内幕交易行为的具体数额作为认定标准，但可以以信息接受者利用了内幕信息进行内幕交易的行为的严重社会危害性作为泄露内幕信息的人行为危害性的标准。

（三）适当增加认定“数额标准”的依据

以犯罪所得作为认定经济犯罪社会危害性是经济犯罪领域

中重要的原则，在内幕交易构成要件情节严重的认定过程中，犯罪所得也是认定情节严重的重要标准。而行为人非法获取收益或者避免损失的标准是以行为人的角度对犯罪所得的一种表现形式，其也是我国目前司法解释中的唯一一种方式。这种方式将导致在无法确认行为人获益或者避免损失时，无法判断内幕交易行为是否能够达到情节严重的情形。

因此，笔者认为，对于犯罪所得的概念应当进行多个角度的理解，以行为人的角度可以计算出犯罪所得。同时，以其他投资人的角度，也可以计算出除了正常损失以外的非正常损失。从上市公司的角度，也可以计算出除了市场风险以外，人为风险造成的损失。而行为人的犯罪所得就是其他人的非正常的投资损失、上市公司市场风险以外承担的损失。因此，对于犯罪所得设置标准可以不同的角度进行，而我国目前法律规定以非法获益或者避免损失的方法进行计算过于单一。

第三节　以“多次行为”和“其他严重情节”认定标准的缺陷及完善建议

在内幕交易犯罪相关司法解释中，多次实施内幕交易行为作为认定情节严重的一种情形。根据2012年发布的《最高人民法院、最高人民检察院关于办理内幕交易、泄露内幕信息刑事案件具体应用法律的若干问题解释》的规定可见，三次进行内幕交易、泄露内幕信息的是指，行为人实施内幕交易行为、泄露内幕信息行为或劝诱行为的总和为三次以上。也就是说，三次以上实施内幕交易行为，可以是以上三种行为任意的排列组合。但是，三次实施内幕交易行为未必就能够说明行为人的行为达到了情节严重的标准。

一、“多次行为”和“其他严重情形”认定标准存在的缺陷

在我国相关的司法解释中，存在“多次实施内幕交易、泄露内幕交易行为”及“其他严重情形”作为认定内幕交易行为情节严重的情形，但这种标准的存在较大的缺陷和重大的风险。其具体的缺陷如下：

（一）“多次行为”标准的适用具有模糊性

三次以上实施典型内幕交易行为也并不能说明行为达到情节严重的情形，不能将简单的轻微行为相加作为情节严重的内幕交易行为，其存在质上的差别。虽然行为人多次实施了内幕交易行为，多次实施了侵犯投资人平等交易的权利，但从其行为的性质上来讲，多次少量实施内幕交易行为的危害性程度并不足以说明该内幕交易行为达到情节严重的标准。因此，不能将三次以上实施内幕交易行为的情形作为“情节严重”的认定标准。这种认定标准就是将多次违法行为视为是一种犯罪行为，这种规定并不具有合法性与合理性。

内幕交易违法行为、内幕交易情节严重行为与内幕交易情节特别严重的行为是依据犯罪的危害性程度的不同而作出的分类。因此，不能简单地将多次轻微的内幕交易违法行为作为情节严重和情节特别严重的情形处理 例如，内幕信息知情人员利用内幕信息进行内幕交易行为，其多次实施了内幕交易行为，但是，每一次内幕交易获益的数额都在1000元左右。按照现有司法解释的规定，这种多次实施内幕交易行为应当构成情节严重的情形，但是，从行为的危害性而言，此多次实施内幕交易的行为不能构成情节严重的情形。另外，如果行为人是某信息知情人员，其本人并未实施内幕交易行为，而是多次将内幕信息泄露给他人，在这种情形下，行为的危害性程度就要大于行

为人自身实施内幕交易行为。泄露行为将内幕信息泄露给其他人，使证券投资者平等交易的权利处于极其危险的状态，其泄露行为可能将信息泄露该多数人，而在多数人实施证券交易行为的情况下要比行为人自己实施多次内幕交易行为的危害性大。可见，对于三次以上实施内幕交易行为不能体现为典型内幕交易罪的情节严重的认定标准，但可以作为泄露内幕信息行为情节严重的认定标准。因此，应当将三次以上实施内幕交易行为作为泄露内幕交易行为情节严重的认定标准。

（二）“其他严重情形”标准设置是兜底条款

在认定情节严重的规定中的最后一项就是“其他严重情形”，也就是说，在我国的司法解释中，将“其他严重情形”作为情节严重的一种。笔者认为，这种规定存在较大的缺陷以及巨大的风险。这个规定给予了司法实践中过多的自由裁量的权力，在刑法领域中，罪刑法定原则是最为重要的原则，其要求对行为人刑事责任的认定要依据法律的明文规定，不允许存在含糊不清的规定。而“其他严重情形”的规定的存在就是一种不明确的表现，对于其认定主要依据的是法官个人的判断。因此，笔者认为，这种规定的存在潜藏着巨大的风险，既不利于打击犯罪，也不利于犯罪嫌疑人、被告人权利之保障。

其他严重情形的设置其实质上就是在设置一种兜底条款，是一种将立法的权力转让给司法的情形，使司法者成了真正的法律制定者。因此，这种规定的存在并不符合法治社会发展之需求，应当予以排除适用。

二、“多次行为”和“其他严重情形”认定标准的完善建议

（一）明确“多次行为”的适用情形

“多次实施内幕交易行为、泄露内幕信息行为”被视为情节

认定标准之一。但是，目前，相关法律与司法解释并没有明确其适用的具体标准，也就是说，对于不同的犯罪模式，法律上并没有存在细致规定在何种犯罪模式下，适用何种标准。对于泄露内幕信息行为情节严重的判断也应当进行区分不同的情况，因为泄露人本人并未实施证券内幕交易行为。因此，对于这种行为并不会存在犯罪所得，行为人并不会因为泄露内幕信息行为而获得经济上的非法收益或者避免损失的结果。同时，对于泄露内幕信息行为情节严重的判断不应当从犯罪所得的角度进行，即不能依据行为非法获益或者避免损失的角度进行，也不能依照信息接收者实施了内幕交易行为并获取经济上的非法收益的金额作为泄露人情节严重的判断。因此，在法定的情节严重规定的情形中，证券成交量的标准和非法获取内幕信息的标准不能作为判断泄露内幕信息行为情节严重的判断。

而对于实施三次以上泄露内幕信息的行为的标准，笔者认为，多次实施泄露内幕交易行为可以作为此种行为模式下情节严重情形的判断。理由在于：泄露内幕信息行为是将具体的内幕信息的内容泄露给别人，其相比较于实施少量数额内幕交易行为，社会危害性更大。行为人如果实施三次以上非法获益数额较少的典型的内幕交易行为，其行为的严重程度可以依据行为人实施此行为累计的犯罪所得数额；而泄露内幕信息的行为，其泄露行为并不能通过数额具体表现出来，但是，其将内幕信息泄露出去将导致证券市场受到巨大的损害。行为人泄露内幕信息的行为可能是为了获取利益的互换或者出于其他获益的目的，而当信息对外泄露之后其危害程度要远远大于其实施的小额的内幕交易行为。因此，对于泄露内幕信息的行为应当依据实施泄露行为的次数作为其判断情节严重的依据。综上所述，笔者认为，对于多次实施内幕交易行为应当区分不同的犯罪行为模式，不能将多次行为视为一种普遍适用的规则。

（二）对“其他严重情形”予以明确化

根据罪刑法定的原则，对于犯罪构成要件各要素都应当予以明确化，而类似于“情节严重”“情节特别严重”“其他情节严重情形”这些规定，都应当进行高度的明确化。因此，对于司法解释中规定的“其他严重情形”应当进行进一步细致的规定，否则应当将其排除在情节严重情形认定标准以外。另外，可以将除数额标准、行为标准以外的情形明确地规定在相关法律及司法解释中。例如，在泄露内幕信息行为模式之下，可以将被泄露人是否实施内幕交易行为或者将泄露人接收了被泄露人经济上的利益或者其他利益作为认定情节严重的标准。

将具有模糊性的法律规定予以明确化是我国刑法基本的要求，因此，对于这种情形进行改变的思路就是明确规定可以列举的一切情节严重的情形，而将“其他严重情形”的兜底条款予以删除。

以上就是本章研究的内容，对于“情节严重”的研究是内幕交易罪客观构成要件要素研究的主要问题，行为社会危害性程度不同，会导致行为的性质不同。而情节严重所要研究的内容就是行为人的内幕交易行为是否达到了需要刑法予以规制的程度。此外，将情节严重情节分为数额的情节严重情节、多次行为情节严重行为与其他严重情形的情节严重行为是依据立法的角度进行的分类。综上所述，本章内容就是按照对情节严重的解读、其存在的缺陷及相关的完善建议三个角度进行。

本章小结

本章主要探讨的问题是内幕交易构成要件情节严重情形的

认定，之所以称之为是内幕交易构成要件情节严重分析的理由在于，情节严重是认定犯罪的必要要件。如果称之为内幕交易罪情节严重分析，其本身就存在逻辑上的错误。但是如果能够认定其为犯罪，就不需在对其情节严重问题进行进一步的阐述了。在本章中，主要是对情节严重、情节特别严重进行的探讨。内幕交易罪是典型的情节犯，认定行为是否构成犯罪必须要对内幕交易行为是否达到情节严重情形进行探讨。本书按照相关司法解释的规定将情节严重情形分为数额情节严重情形、多次行为情节严重情形与其他情节严重情形，并在第二节与第三节主要探讨相关情节严重情形存在的缺陷与完善之建议。完善建议中主要的思路就是从司法解释本身进行修改，以及区分不同的犯罪行为模式与情节严重情形进行对应。

结 语

通过本书相关的论述，对于内幕交易犯罪客观构成要件要素的研究，可以归纳出以下几个基本的结论。

内幕交易犯罪是典型的证券欺诈行为，其是对证券市场正常秩序一种破坏。随着我国经济的迅速发展，证券投资已经作为一种常态存在于人们的生活中，因此，如何对于证券欺诈行为进行有效的规制是证券市场中最为关键的问题。在一般的情况下，内幕交易行为存在法律规制竞合的问题。而对于内幕交易客观构成要件要素，主要是从刑法领域进行研究。所以，可以得出这样的结论就是内幕交易客观构成要件要素研究是区分行政违法与刑事犯罪最为关键的问题。

内幕交易犯罪主体适格问题是内幕交易犯罪客观构成要件要素中的重要问题。内幕交易主体范围确定的合理性直接关系到内幕交易罪认定的合理性。在主体问题研究中，可以得出这样的结论：内幕交易犯罪主体是特殊的主体，无论是内幕信息知情人员还是非法获取内幕信息的人员，都是因为特殊的身份或者实施了非法获取内幕信息的行为而成为内幕交易罪的犯罪主体。另外，对于非法获取内幕信息人员的理解也是内幕交易罪主体问题的关键问题，本书的结论是非法获取内幕信息的人员是指以非法的方式获取内幕信息的人员，其强调手段上的非法性，而并非是除合法获取以外的状态。

内幕信息是内幕交易罪的行为客体，也就是犯罪对象。对于内幕信息认定标准的探讨也是客观构成要件要素研究的重要领域。在本书中，强调内幕信息的认定标准应当具有四个方面的特征，即重大性、秘密性、相关性与真实性。判断行为人进行证券交易时所利用的信息必须同时符合以上四个标准，才能认为其行为是利用内幕信息进行证券交易。内幕信息认定标准的准确性、科学性与合理性是内幕交易罪认定的重要问题，如果行为人利用的信息并不符合以上四个特征，则行为人的证券交易行为不能认定为内幕交易罪。目前，我国关于内幕信息认定标准的司法解释中尚存在较大的缺陷，以完善内幕信息认定标准为角度，对相关具体的认定标准进行完善，也有助于对相关司法解释完善提供思路。

对于内幕交易犯罪行为，通过对典型的内幕交易行为、泄露内幕信息的行为与建议他人实施内幕交易行为的研究。可以得出这样的结论：首先，内幕交易行为必须以利用内幕信息为必要条件，如果行为人能够证明其在实施证券交易的过程中并未利用内幕信息，则其无需为其证券交易行为承担相应的刑事责任。而在泄露内幕信息的行为研究中，信息接收者的行为并不是泄露人行为认定的依据，信息接收者是否实施了内幕交易行为也并非泄露人承担责任的必要条件。且在我国目前的立法中，其被看作是内幕交易行为的一种行为模式，笔者认为，在建议他人实施内幕交易行为中，建议行为应当被看作是共同犯罪的一种情形。

在对于内幕交易构成要件情节严重问题的研究中，笔者将法定的情节严重的情形分为数额标准的情节严重情形、多次行为标准情节严重情形和其他严重情形的情节严重情形。在认定情节严重的过程中，应当区分不同的内幕交易犯罪行为模式，对于不同的行为模式应当适用不同的标准进行认定。

参考文献

一、著作类

[1] 刘宪权:《证券期货犯罪理论与实务》，商务印书馆 2005 年版。

[2] 刘宪权:《金融犯罪刑法理论与实践》，北京大学出版社 2008 年版。

[3] [美] 本杰明·格雷厄姆、[美] 戴维·多德:《证券分析》，巴曙松、陈剑等译，中国人民大学出版社 2013 年版。

[4] [日] 日高义博:《违法性的基础理论》，张光云译，法律出版社 2015 年版。

[5] 杨秀英主编:《新编经济刑法教程》，厦门大学出版社 2011 年版。

[6] 井涛:《内幕交易规制论》，北京大学出版社 2007 年版。

[7] 陈辐宽:《金融证券犯罪疑难问题解析》，中国检察出版社 2009 年版。

[8] 雷丽清:《中美内幕交易罪比较研究》，中国检察出版社 2014 年版。

[9] [日] 山口厚:《刑法总论》，付立庆译，中国人民大学出版社 2011 年版。

[10] [日] 西田典之:《日本刑法总论》（第 2 版），毛昭武、刘明祥译，法律出版社 2013 年版。

[11] 高铭暄主编:《新编中国刑法学》，中国人民大学出版社 1998 年版 。

[12] 高铭暄、马克昌主编:《刑法学》，北京大学出版社、高等教育出版社 2000 年版 。

[13] 薛瑞麟主编:《金融犯罪再研究》，中国政法大学出版社 2007 年版。

[14] 莫洪宪主编:《证券犯罪理论与侦查实务研究》,中国方正出版社2005年版。

[15] 吴晓求、梅君主编:《海外证券市场案例》(上),中国人民大学出版社2006年版。

二、外文著作类

[1] Louis Loss, Joel Seligman, *Securities Regulation*, 3 rd Edition, Little, Brown and Company, 1991.

[2] Louis Loss, Joel Seligman, *Fundamentals of Securities Regulation*, 3 rd Edition, Little, Brown and Company, 1995.

[3] *Commodity Futures Report*, Commerce Clearing House, 1989.

[4] H. Manne, *Insider Trading and the Stock Market*, Free Press, 1966.

[5] Coase, Ronald H, *The Firm, the Market and the Law*, University of Chicago Press, 1988.

[6] Marc I. Steinberg, *Securities Regulation*, 2nd Edition, Matthew Bender, 1993.

[7] Shen-Shin Lu, *Insider Trading and the Twenty-Four Hour Securities Market*, The Christopher Publishing House, 1994.

[8] Emanuel Gaillard, *Insider Trading: The Laws of Europe, the United States and Japan*, Kluwer law and Taxation Publishers, 1992.

[9] Gil Brazier, *Insider Dealing: Law and Regulation*, Cavendish Publishing Limited, 1996.

[10] Steven L. Emanuel, *Corporations*, 3rd Edition, Emanuel Publishing Corp., 1997.

[11] Robert Romano, *Foundations of Corporate Law*, 2nd Edition, Foundation Press, 2010.

[12] Steven L. Emanuel, Corporations, 3rd Edition, Emanuel Publishing Corp., 1997.

三、期刊类

[1] 郑顺炎、陈洁:“内幕交易犯罪构成要件争议”,载《人民司法》1998

年第 2 期。

［2］马克昌：“论内幕交易、泄露内幕信息罪”，载《中国刑事法杂志》1998 年第 1 期。

［3］程皓：“内幕交易、泄露内幕信息罪若干问题研究”，载《法学评论》2006 年第 4 期。

［4］赵秉志、陈志军：“证券内幕交易犯罪若干问题比较研究”，载《比较法研究》2005 年第 3 期。

［5］张明楷：“罪过形式的确定”，载《法学研究》2006 年第 3 期。

［6］王政勋：“证券、期货内幕交易、泄露内幕信息罪研究”，载《中国刑事法杂志》2003 年第 4 期。

［7］刘宪权：“内幕交易、泄露内幕信息罪若干疑难问题探析”，载《犯罪研究》2003 年第 2 期。

［8］岳平：“内幕交易、泄露内幕信息罪之认定与处罚”，载《上海大学学报（社会科学版）》2004 年第 3 期。

［9］马松建：“内幕交易、泄露内幕信息罪主体比较研究”，载《云南大学学报（法学版）》2004 年第 2 期。

［10］冯锦彩：“内幕交易罪的犯罪构成浅析”，载《山西科技》2008 年第 3 期。

［11］张小宁：“内幕交易罪犯罪主体研究”，载《山东社会科学》2009 年第 6 期。

［12］李海燕：“谈谈证券内幕交易罪”，载《经济论坛》2002 年第 19 期。

［13］陈建旭：“内幕交易罪之规范理论的比较研究——以美、日与中国台湾地区为对象”，载《求是学刊》2007 年第 1 期。

［14］胡光志：“论证券内幕信息的构成要素”，载《云南大学士报（法学版）》2002 年第 4 期。

［15］王阡：“论证券内幕交易、泄露证券内幕信息罪”，载《贵州警官职业学院学报》2004 年第 3 期。

四、学位论文类

［1］夏雪萍：“中美内幕交易罪之比较研究”，华东政法大学 2006 年硕士

学位论文。
[2] 陈磊:“中美证券内幕交易罪比较研究”，华东政法大学 2007 年硕士学位论文。
[3] 刘海皓:“中美内幕交易犯罪比较研究”，华东政法大学 2006 年硕士学位论文。
[4] 王洪伟:“证券犯罪论”，吉林大学 2004 年博士学位论文。